Dévorer Montréal

Éditrice : Émilie Mongrain
Textes : Claire Bouchard
Design graphique et photographies : Chantelle Grady
Infographie : Chantal Landry
Collaboration à la rédaction : Michel Vaillancourt
Révision : Sylvie Massariol
Correction : Élyse-Andrée Héroux

Catalogage avant publication de Bibliothèque et
Archives nationales du Québec et Bibliothèque et
Archives Canada

Bouchard, Claire, 1975-

Dévorer Montréal : restos uniques, cafés sympas et
autres adresses d'exception

Édition originale : 2013.
Comprend un index.

ISBN 978-2-7619-4287-4

1. Restaurants - Québec (Province) - Montréal -
Répertoires. 2. Épiceries fines - Québec (Province)
- Montréal - Répertoires. 3. Magasins spécialisés -
Québec (Province) - Montréal - Répertoires.
I. Grady, Chantelle. II. Titre.

TX907.5.C22M6 2015   647.95714'28
C2015-940983-7

Suivez-nous sur le Web

Consultez nos sites Internet et inscrivez-vous à l'infolettre
pour rester informé en tout temps de nos publications et de
nos concours en ligne. Et croisez aussi vos auteurs préférés et
notre équipe sur nos blogues !

EDITIONS-HOMME.COM
EDITIONS-JOUR.COM
EDITIONS-PETITHOMME.COM
EDITIONS-LAGRIFFE.COM

Imprimé au Canada

DISTRIBUTEURS EXCLUSIFS :

Pour le Canada et les États-Unis :
MESSAGERIES ADP inc.*
2315, rue de la Province
Longueuil, Québec J4G 1G4
Téléphone : 450-640-1237
Télécopieur : 450-674-6237
Internet : www.messageries-adp.com
* filiale du Groupe Sogides inc.,
  filiale de Québecor Média inc.

Pour la France et les autres pays :
INTERFORUM editis
Immeuble Paryseine, 3, allée de la Seine
94854 Ivry CEDEX
Téléphone : 33 (0) 1 49 59 11 56/91
Télécopieur : 33 (0) 1 49 59 11 33
Service commandes France Métropolitaine
Téléphone : 33 (0) 2 38 32 71 00
Télécopieur : 33 (0) 2 38 32 71 28
Internet : www.interforum.fr
Service commandes Export – DOM-TOM
Téléphone : 33 (0) 2 38 32 78 86
Internet : www.interforum.fr
Courriel : cdes-export@interforum.fr
Pour la Suisse :
INTERFORUM editis SUISSE
Route André Piller 33A, 1762 Givisiez – Suisse
Téléphone : 41 (0) 26 460 80 60
Télécopieur : 41 (0) 26 460 80 68
Internet : www.interforumsuisse.ch
Courriel : office@interforumsuisse.ch
Distributeur : OLF S.A.
ZI. 3, Corminboeuf
Route André Piller 33A, 1762 Givisiez – Suisse
Commandes :
Téléphone : 41 (0) 26 467 53 33
Télécopieur : 41 (0) 26 467 54 66
Internet : www.olf.ch
Courriel : information@olf.ch
Pour la Belgique et le Luxembourg :
INTERFORUM BENELUX S.A.
Fond Jean-Pâques, 6
B-1348 Louvain-La-Neuve
Téléphone : 32 (0) 10 42 03 20
Télécopieur : 32 (0) 10 41 20 24
Internet : www.interforum.be
Courriel : info@interforum.be

05-15

© 2015, 2013, Les Éditions de l'Homme,
division du Groupe Sogides inc.,
filiale de Québecor Média inc.
(Montréal, Québec)

Tous droits réservés

Dépôt légal : 2015
Bibliothèque et Archives nationales du Québec

ISBN 978-2-7619-4287-4

Gouvernement du Québec – Programme de crédit
d'impôt pour l'édition de livres – Gestion SODEC –
www.sodec.gouv.qc.ca

L'Éditeur bénéficie du soutien de la Société de développement des entreprises culturelles du Québec pour
son programme d'édition.

Conseil des Arts   Canada Council
du Canada   for the Arts

Nous remercions le Conseil des Arts du Canada de
l'aide accordée à notre programme de publication.

Nous reconnaissons l'aide financière du gouvernement du Canada par l'entremise du Fonds du livre du
Canada pour nos activités d'édition.

Dévorer Montréal

*Restos uniques, cafés sympas et
autres adresses d'exception*

Claire Bouchard et Chantelle Grady

LES ÉDITIONS DE
L'HOMME

Une société de Québecor Média

Table des matières

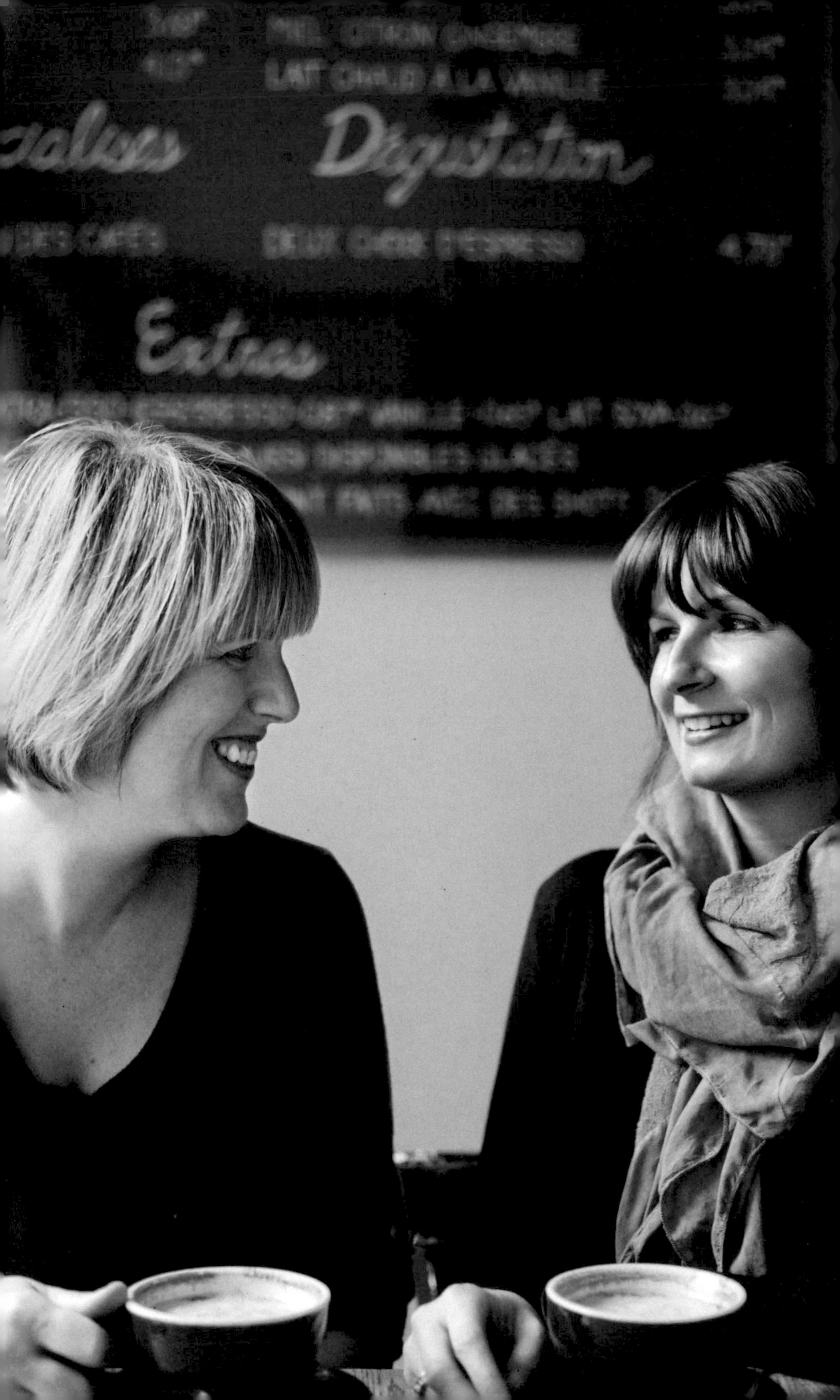
LAIT CHAUD À LA VANILLE
Dégustation
Extras

Introduction

Vous tenez entre vos mains le résultat d'un coup de foudre professionnel.
D'un côté, une photographe et designer graphique australienne,
expatriée à Montréal pour une année, de l'autre, une éditrice Web,
Montréalaise de cœur, qui fuit les circuits touristiques bondés.
Notre rencontre était improbable. Mais la magie des
réseaux sociaux en a décidé autrement.

C'est en ligne que j'ai découvert le travail de Chantelle. Abasourdie par son immense talent et la beauté poétique de ses images, j'ai communiqué avec elle sur-le-champ. Quelques courriels plus tard, on se rencontrait devant un café et, dans un moment de folie passagère, le projet est né. Quel beau coup de tête !

Dans les mois qui ont suivi, j'ai joué à la guide touristique avec grand bonheur et fait découvrir à Chantelle MON Montréal. Un Montréal de ruelles, de quartiers différents, d'endroits moins connus, un Montréal... de Montréalais. Curieuse et gourmande, elle m'a accompagnée, sourire aux lèvres et caméra à la main. Son regard original sur la ville – ma ville ! – me déstabilisait. Grâce à ses photos, je retombais amoureuse... plusieurs fois par semaine. Avec un quartier. Un restaurant. Un plat. Un cuisinier.

Voici donc nos 52 coups de cœur de cette année partagée. Des établissements que nous avons sélectionnés pour leur authenticité, leur qualité, leur originalité. Des boutiques spécialisées qui regorgent de produits fins et inégalés. Des restaurants étonnants dans lesquels on a découvert des plats exquis et une ambiance accueillante. Des cafés exceptionnels où il fait bon flâner des heures. Des lieux qui ont une histoire pas banale. Et partout, des artisans qui font preuve d'un savoir-faire et d'une passion hors du commun. Bref, des adresses où l'on prend plaisir à retourner. Encore et toujours. Tout simplement.

Bonne lecture, bonnes découvertes et, surtout, bon appétit !

Claire et Chantelle
devorer@devorermontreal.com

Légende pour les restaurants et cafés :
$ - Moins de 25 $ | $$ - Entre 25 $ et 50 $ | $$$ - Plus de 50 $
par personne, avant alcool et taxes.

Printemps

À Montréal, le printemps est attendu amoureusement.
On l'espère. On a hâte. Au moindre soubresaut du thermomètre,
on se précipite sur les terrasses, foulard au cou et gants aux mains,
pour s'offrir un café dehors. Le premier de l'année. Le plus mémorable.
Puis le chaud soleil se fait plus insistant. Les bourgeons éclatent,
et bientôt les fleurs s'exhibent. Enfin, les légumes frais arrivent
sur les étals des marchés. Doux printemps, te voilà !

Cocoa Locale

Elle se décrit comme une grand-maman glamour. Elle n'a pourtant que 33 ans. Avec sa petite boutique aux accents rétro, Reema Singh a remis le gâteau fait maison au goût du jour.

Seule aux fourneaux, Reema peut confectionner jusqu'à 50 gâteaux les jours les plus achalandés. Son succès tient à la sobriété de ses pâtisseries, à leur goût recherché, à leur décoration épurée composée uniquement de pétales de fleurs. Chez Cocoa Locale, il n'y a pas de glaçage trop riche ni de montage laborieux. C'est le gâteau maison qu'on célèbre, dans toute sa simplicité.

Reema cuisine devant nous, dans son petit espace ouvert, tout en jonglant aisément avec la préparation des desserts, l'accueil des clients, le téléphone qui sonne et les temps de cuisson. Pétillante, elle a créé une boutique à son image, utilisant le rose comme couleur dominante. La décoration ludique est composée de nombreux objets qui nous font sourire, comme un vieux téléphone à roulette, une balançoire et des ustensiles de cuisine datant des années 1950.

Peu sucrés, toujours moelleux, ses gâteaux marient merveilleusement les saveurs : chocolat et lavande, citron et noix de coco ou chocolat-chaï... Sans oublier les délicieux petits gâteaux vanille, Red Velvet au jus de betterave, ou citron et huile d'olive.

La fraîcheur des produits est indéniable. Surtout que Reema écoule sa production au quotidien. Pour être sûr d'y trouver votre gâteau préféré, mieux vaut le réserver la veille ou le matin même.

Pourquoi on aime ?

Pour le charme de la boutique et de sa propriétaire. Et parce que les délicieux gâteaux qu'elle prépare sans prétention nous rappellent ceux de notre mère.

Mile End | 4807, avenue du Parc
514-271-7162

Poissonnerie Capitaine Crabe

Tous les mercredis, dès l'ouverture de la saison de la pêche au crabe des neiges, Pierre Girardin, alias Capitaine Crabe, quitte Montréal à bord de son camion réfrigéré en direction de Rimouski.

Le jeudi matin, à l'aube, il est sur les quais de sa ville natale pour rapporter à Montréal le crabe nouvellement pêché. S'ensuivent les six heures de route qui séparent le « Bas-du-Fleuve » de la métropole.

Depuis 11 ans, Pierre Girardin vend son crabe des neiges frais, les vendredis et samedis seulement, de la fin mars à la fin mai, à son kiosque situé à l'extérieur du marché Maisonneuve.

Longtemps sous-estimé, ce crustacé connaît aujourd'hui une popularité considérable. Capitaine Crabe précise avec insistance que son produit de prédilection n'a besoin d'aucun artifice. On l'aimera nature, sans accompagnement, de manière à révéler toute sa précieuse et délicate saveur.

Pourquoi on aime ?

Parce que l'on sait exactement où et quand le crabe a été pêché. Parce que Capitaine Crabe le fait cuire à la perfection, dans une eau très peu salée, afin de laisser la place à toute la finesse de la chair. Et sûrement aussi parce que l'ouverture de la pêche au crabe marque l'arrivée du printemps.

◉

Hochelaga-Maisonneuve
Marché Maisonneuve, 4445, rue Ontario Est
514-886-2722

Club Social

Jay Lucifero n'accepterait jamais de donner la recette de son merveilleux café, même si on lui signait un chèque en blanc. Après tout, il leur a fallu près de trois ans, à ses frères et lui, pour trouver le mélange de grains idéal, devenu la signature de l'endroit.

Avec son comptoir de bar italien typique où les habitués prennent le café debout, le Club Social se démarque. Non seulement on peut y boire un excellent latte moitié moins cher que dans certains cafés « à la mode », mais on peut également profiter d'une expérience sociologique condensée : dans ce local de quelque 95 mètres carrés, trois générations se côtoient. Toutes nationalités confondues. On échange en italien, en français ou en anglais, dans le plus grand respect. La scène est fascinante, et le chaos, tout à fait agréable.

Lorsqu'on y met les pieds pour la première fois, on a un peu l'impression de s'immiscer dans une réunion privée, et on n'a pas tout à fait tort. Le Club Social porte bien son nom : c'est un club privé dont il faut être membre pour pouvoir y consommer de l'alcool. La carte annuelle coûte 25 $. Cependant, pour prendre un café ou grignoter, tout le monde est bienvenu, membre ou non.

On rassasie nos fringales d'après-midi avec les sandwichs grillés ou le chili végétarien fait maison, piquant à souhait, qui nous réchauffe le cœur lorsque les journées printanières ne sont pas encore aussi chaudes qu'on le souhaiterait.

L'endroit est toujours plein à craquer, même si les Lucifero n'ont jamais investi un sou en publicité. La preuve que, lorsque la qualité est au rendez-vous, le bouche-à-oreille est nettement suffisant.

Pourquoi on aime ?

Pour le délicieux café au lait, servi dans un verre. Et pour la terrasse, plein soleil, parfaite pour se prélasser durant des heures à l'arrivée des premiers chauds rayons.

Mile End | 180, rue Saint-Viateur Ouest
514-495-0114 | $

26

Du bon café, svp!

Milieu des années 1980. Vincenzo Lucifero, le père de Jay, se rend chaque jour jouer aux cartes au club privé du coin. C'est une salle bien modeste : quelques tables, d'épais rideaux, pas de télévision. Seuls les hommes sont admis.

Un jour, on lui demande d'administrer l'endroit. Il accepte, spontanément. Il se sent ici comme à la maison. Par ce simple oui, il devient propriétaire du club. C'est fou comme un seul mot peut changer le cours d'une vie!

Parmi les joueurs de cartes, beaucoup d'Italiens, qui insistent pour qu'on leur serve un café digne de ce nom, quitte à en payer la note par une cotisation annuelle. Monsieur Lucifero décide donc de s'équiper comme un vrai *barista*.

Puis, avec l'aide de ses six fils, il transforme lentement son local. Il installe à la fenêtre une affiche « Bienvenue à tous », puis retire les vieux tapis et les épais rideaux. Les gens du voisinage voient enfin à l'intérieur et découvrent ce bistro privé, qui se métamorphosera, au fil des années, en un sympathique café de quartier.

PÂTISSERIE

Les Sucreries de l'Érable

À Montréal, pour déguster d'excellents produits de l'érable, on se rend sans hésiter au comptoir de cette pâtisserie artisanale spécialisée dans la cuisine traditionnelle québécoise.

Établie dans les Cantons-de-l'Est, l'entreprise Les Sucreries de l'Érable nous fait l'honneur de quelques points de vente sur l'île, dont le plus important est situé au marché Jean-Talon.

L'étalage est rempli de quiches classiques et savoureuses, de tourtières traditionnelles, de tartes débordantes de fruits (pommes, cerises, fraises, framboises, bleuets), de brownies sans compromis et de décadents biscuits qui plairont aux petits comme aux grands.

Ce qui nous renverse par-dessus tout ? Leurs produits de l'érable, évidemment. Comme cette inégalable tarte au sirop, à la texture onctueuse, qui n'a rien à voir avec la tarte au sucre classique. Elle ne contient ni lait ni crème, mais bien une grande, une très grande, quantité de sirop d'érable, des œufs, du beurre et un soupçon de cassonade pour la finition. C'est tout. Et que dire de la tarte aux pacanes et au sirop d'érable ! Avec son goût subtil de caramel et sa généreuse garniture de noix, impossible de n'en manger qu'une seule pointe.

Pourquoi on aime ?

Parce qu'il nous est devenu impensable de nous rendre au marché sans acheter une de leurs tartes. Ça veut tout dire.

La Petite-Patrie
Marché Jean-Talon, 7070, avenue Henri-Julien
514-279-7830

BLEUETS
muffin tx
4,75

29

Kazu

On va vraiment faire la file ? Certainement qu'on va la faire !
Parce que ça vaut le coup. Kazu, c'est le plus japonais des
restaurants montréalais. Kazu, c'est Tokyo P.Q.

L'attente n'est qu'un précieux préliminaire au plaisir gustatif qui s'en vient. C'est immanquable : à chaque service, les plats du chef Kazuo Akutsu nous transportent dans des contrées lointaines et nous ébahissent. Par leur originalité. Par leur délicatesse. Mais surtout par leur goût.

Alors que l'on croyait avoir commandé une simple salade, arrive cet immense bol de tartare de thon et de saumon, surmonté d'un nid de nouilles frites et croustillantes. On est ébloui au premier coup d'œil. On y plonge les baguettes, et c'est la révélation. Le riz, le poisson, la laitue, les légumes marinés, les nouilles, la vinaigrette... Les textures et le mélange des saveurs sont renversants.

On poursuit avec le porc braisé 48 heures, effiloché et tendre, au discret parfum de sésame. Quant aux tortillas au poulet barbecue, étonnantes et savoureuses, elles sont agrémentées d'une sauce parfaitement équilibrée. Il n'en faut pas plus pour nous convaincre : on reviendra coûte que coûte chez Kazu. File d'attente ou pas.

Le local est petit et ne compte que 5 tables, pour un total de 30 places, incluant celles au bar. Aux murs, de simples papiers rédigés à la main présentent les plats et les prix. C'est brouillon, mais drôlement efficace.

Malgré la frénésie ambiante, l'achalandage et l'étroitesse des lieux, les employés et le chef ont toujours le sourire aux lèvres. Leur courtoisie omniprésente et leur énergie contagieuse contribuent à faire de Kazu un restaurant vibrant et inoubliable.

Pourquoi on aime ?

Parce qu'on adore l'expérience, du début à la fin. Les plats sont étonnants, l'atmosphère est conviviale et le service, attentionné. On est des fans finis. L'essayer, c'est le devenir aussi.

Centre-ville | 1862, rue Sainte-Catherine Ouest
514-937-2333 | $$

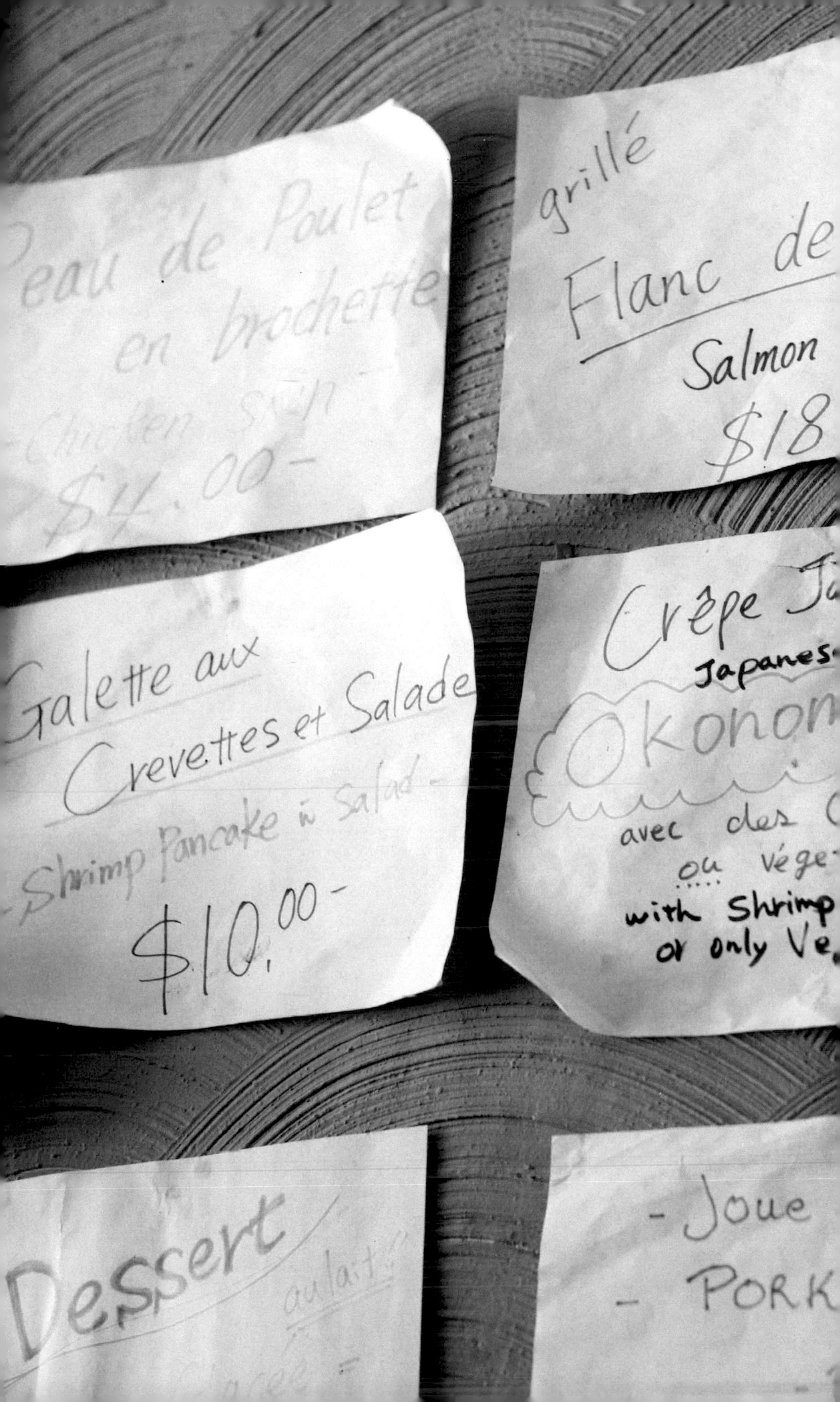

Peau de Poulet
en brochette
- Chicken skin
$4.00 -

grillé
Flanc de
Salmon
$18

Galette aux
Crevettes et Salade
- Shrimp Pancake n Salad -
$10,00 -

Crêpe Ja
Japanes
Okonom
avec des C
ou vége
with Shrimp
or only Ve

Dessert
aulait

- Joue
- PORK

Tchin tchin !

Le restaurant Kazu est en fait un *izakaya,* l'équivalent japonais des pubs anglais, où l'on se rend après une dure journée de travail pour boire et bien manger. C'est donc dans l'ordre normal des choses d'y arroser son repas d'une bière fraîche ou d'un saké bien tassé. Santé !

RESTAURANT

Patati Patata

Louis Dumontier rêvait d'ouvrir une « cabane à patates » urbaine, où les frites seraient excellentes, minces et bien dorées. De « cabane », le resto n'a que l'exiguïté. Pour le reste, le propriétaire en a fait une friterie de luxe.

C'est en 1996 que l'ancien menuisier ouvre son minuscule restaurant. Dix places seulement. Pourtant, avec ses employés, il écoule quelque 70 kilos de pommes de terre par jour, près de 115 lors d'événements sur le boulevard Saint-Laurent. Chez Patati Patata, il n'y a pas d'heure de pointe ; l'achalandage est constant de l'ouverture à la fermeture.

En plus des mets typiques de casse-croûte – frite, burger, poutine, hot-dog –, le menu propose des plats différents de ce que l'on trouve normalement dans ce type de restaurant. Le bortsch en est un bel exemple. Même chose pour le rôti de bœuf, tendre et juteux, cuisiné tous les jours de la semaine.

La patatine, une poutine agrémentée d'oignons, de champignons et de poivrons, contribue aussi à l'inhabituel de l'endroit. Tout comme le hamburger au tofu. Les burgers sont petits, à peine plus gros qu'une pomme, et le prix est proportionnel. On paie 2,50 $ pour le Méditerranéen, garni de féta, de menthe et d'une sauce de type tzatziki. À ce prix-là, on en commande deux !

Dans une ambiance décontractée et sympathique, on peut également s'offrir le petit-déjeuner traditionnel à toute heure du jour. Parfait quand on aime faire la grasse matinée.

Pourquoi on aime ?

Parce que c'est un endroit sans artifice, où la musique – jazz, funk ou reggae – est à l'honneur. Il y a un petit quelque chose de spécial dans ce resto exigu, une atmosphère « hippie engagé » qu'on aime bien.

◉

Plateau-Mont-Royal | 4177, boulevard Saint-Laurent
514-844-0216 | $

ENTRÉES
SALADE DE LÉGUMES DE SA
TARTARE DE SAUMON DEUX
RAVIOLI GÉANT AUX CREVETTES
ROQUETTE, GÉSIERS DE CANARD,
RIS DE VEAU RÉDUCTION DE CID
TATIN DE FOIE GRAS, ÉCHALOT:
PLATEAU DE CHARCUTERIES

PLATS _____ TROU NOR
• BLINIS PATATE DOUCE, CHA/
• MAGRET DE CANARD EN CROÛTE
• POISSON DU JOUR...
• PÉTONCLES BARDÉS DE PRO:
• RIBS DE BISON BRAISÉ BBQ
• SAUMON BOUCANÉ CUIT À L'UNILA
• CÔTE DE CERF DE BOILEAU
• CARRÉ D'AGNEAU LAQUÉ AU M
• FILET MIGNON, CHAMPIGNONS

✳ EXTRA FOIE GRAS.

ASSIETTE DE FROMAG

O'Thym

Il y a de ces bistros français que l'on aime instinctivement.
Comme O'Thym. Bien sûr, le décor est élégant et la carte, appétissante.
Mais au-delà de tout ça, on y est bien, tout simplement.
Et on y revient toujours, assurément.

L e blanc des murs contraste avec les deux grands tableaux noirs sur lesquels sont détaillées les cartes du midi et du soir. On propose ici une cuisine française classique, agrémentée d'aliments locaux dénichés au marché.

On y revient, entre autres, pour le saumon boucané à l'unilatéral, cuit à la perfection, servi avec un beurre au wakamé. Et pour le tendre et délicat ravioli géant aux crevettes nordiques. Et pour le magret de canard en croûte de sel et thym citronné, exécuté de main de maître par le chef Noé Lanaisse. Et pour la crème brûlée au subtil goût de pistache, à la croûte bien craquante. Et pour...

Il y a à peine quelques années, Noé était plongeur dans un restaurant du Plateau-Mont-Royal. Admiratif des prouesses réalisées par les chefs, il décida alors de se lancer lui aussi dans l'aventure culinaire en s'inscrivant à l'Institut de tourisme et d'hôtellerie du Québec.

Son petit bagage d'expérience et son immense talent l'amènent à ouvrir, avec trois collègues, le restaurant O'Thym en 2004. Et c'est nul autre que lui qui en fut dès lors le chef, à seulement 22 ans !

Neuf ans après l'ouverture, il est toujours derrière les fourneaux et s'amuse maintenant à contourner les règles françaises. À l'écoute des demandes de ses clients, il offre chaque jour un plat végétarien au menu. Voilà un resto où tout le monde est certain de trouver son compte.

Pourquoi on aime ?

Parce que cette bonne table nous permet d'apporter notre vin, ce qui fait nécessairement plaisir au porte-monnaie. Et parce qu'elle figure parmi les rarissimes restaurants de qualité à être ouverts sept soirs par semaine. La prochaine fois que vous tenterez désespérément de trouver un bon resto un lundi soir, vous nous remercierez.

❂

Centre-Sud | 1112, boulevard de Maisonneuve Est
514-525-3443 | othym.com | $$$

ArHoMa

Chocolatine à la pistache. Mmm, le petit genou nous plie.
Et ce n'est là qu'un exemple. Chez ArHoMa, on fait dans la créativité,
dans le nouveau, dans le cochon. Mais on fait aussi dans l'éthique,
le local, l'urbain et l'écolo. Que demander de plus ?

À la fois boulangerie, charcuterie, fromagerie et épicerie fine, ArHoMa est une petite oasis du quartier Hochelaga-Maisonneuve. Comme l'annonce la mignonne devise, on y vient pour « le pain et ses complices ». D'ailleurs, ces complices, pour la grande majorité bios et locaux, sont distinctement divisés en deux catégories, dans l'espace aéré et bien pensé : les sucrés d'un côté, les salés de l'autre.

Le pain, impeccable, fait de farines certifiées biologiques uniquement, rivalise d'originalité dans la variété : LINtégral, le kamut miel et pollen, le sésame au levain, le panini au cacao... Les sandwichs, confectionnés sur place, sortent aussi des sentiers battus. Dans chacun, un fromage québécois. Même un simple sandwich au thon se transforme en festin. Comment ? Par l'ajout de jus et de zeste de citron, de feuilles de menthe, de carottes et de cheddar fort, le tout servi sur un panini à la betterave. Avouez que c'est alléchant !

Le comptoir de fromages mérite à lui seul notre attention. Une superbe variété nous est proposée, dont 90 % sont des fromages d'ici. Ils proviennent de partout au Québec : Haut-Richelieu, Laurentides, Chaudière-Appalaches, Lanaudière, Montérégie, Cantons-de-l'Est, Îles-de-la-Madeleine... Une belle façon d'encourager nos producteurs, mais aussi un bel hommage à un savoir-faire qui s'impose de plus en plus.

Pourquoi on aime ?

Pour la valorisation des produits québécois. Pour les sandwichs décadents. Et pour les chocolatines aux pistaches. On comprend pourquoi les résidents du quartier chérissent cette boulangerie urbaine et jeune, à l'image du nouveau HoMa.

Hochelaga-Maisonneuve | 15, place Simon-Valois
514-526-4662 | arhoma.ca

Poti de Porc

Le Sain Bol

Le resto est minuscule. Trois tables, un décor sobre, une cuisinière domestique. Au Sain Bol, il n'y a pas de décorum, pas de snobisme, pas de m'as-tu-vu. Rien que du vrai. Bienvenue chez Fred !

Dès qu'on y entre, on a l'impression que le chef propriétaire Frédéric Houtin nous accueille dans son appartement. Cette sensation d'être dans une maison privée est omniprésente, ce qui ne fait qu'ajouter au caractère chaleureux de l'endroit.

Ici, le bio est à l'honneur. En fait, absolument tous les ingrédients le sont, même le sel. Les plats sont sains, légers, appétissants et mettent en valeur les légumes de saison. Le menu varie tous les jours, selon ce que le chef déniche au marché, bien que certains classiques aient maintenant leur place sur la carte. Parmi eux, le délicat gravlax — la spécialité de la maison —, un saumon cru macéré 48 heures dans un mélange de sel, d'aneth et de fenouil, et l'incontournable grilled-cheese, bien généreux, fait avec le fromage du jour sur pain mulligrain.

Le propriétaire aime aussi cuisiner des aliments moins habituels. Il n'est pas rare de voir dans les assiettes, selon la saison, des têtes-de-violon, de la quenouille ou même du mouron des oiseaux, une plante comestible considérée comme l'une des meilleures laitues sauvages.

On apprécie particulièrement le fait que Frédéric prenne plaisir à remanier son menu pour permettre aux personnes souffrant d'une allergie ou d'une intolérance alimentaire de profiter d'un bon repas. Gluten, lactose, noix... Que de beaux et stimulants défis pour le chef !

Le Sain Bol est ouvert tous les jours pour le brunch, et le soir les vendredis seulement pour un repas découverte à cinq services. Fred prend aussi des réservations pour des soirées privées les autres soirs, sur demande.

Pourquoi on aime ?

Parce que bien manger n'a jamais été aussi agréable. Coup de cœur assuré pour ce petit resto unique, santé et réellement savoureux.

Plateau-Mont-Royal | 5095, rue Fabre
514-524-2292 | $ jour | $$ soir

Simplicité volontaire

Quand Frédéric Houtin a ouvert son resto, rue Fabre, il a tenu à recycler tous les biens laissés là par l'occupant précédent, un fleuriste. Un panier en osier est devenu un abat-jour et l'ancienne enseigne extérieure sert de tableau pour suspendre les œuvres d'artistes locaux. La grande table est également faite de bois recyclé, création d'un ami. En 2012, un restaurant qui n'a ni site Web, ni boîte vocale, ni page Facebook, c'est un bel exemple de simplicité volontaire.

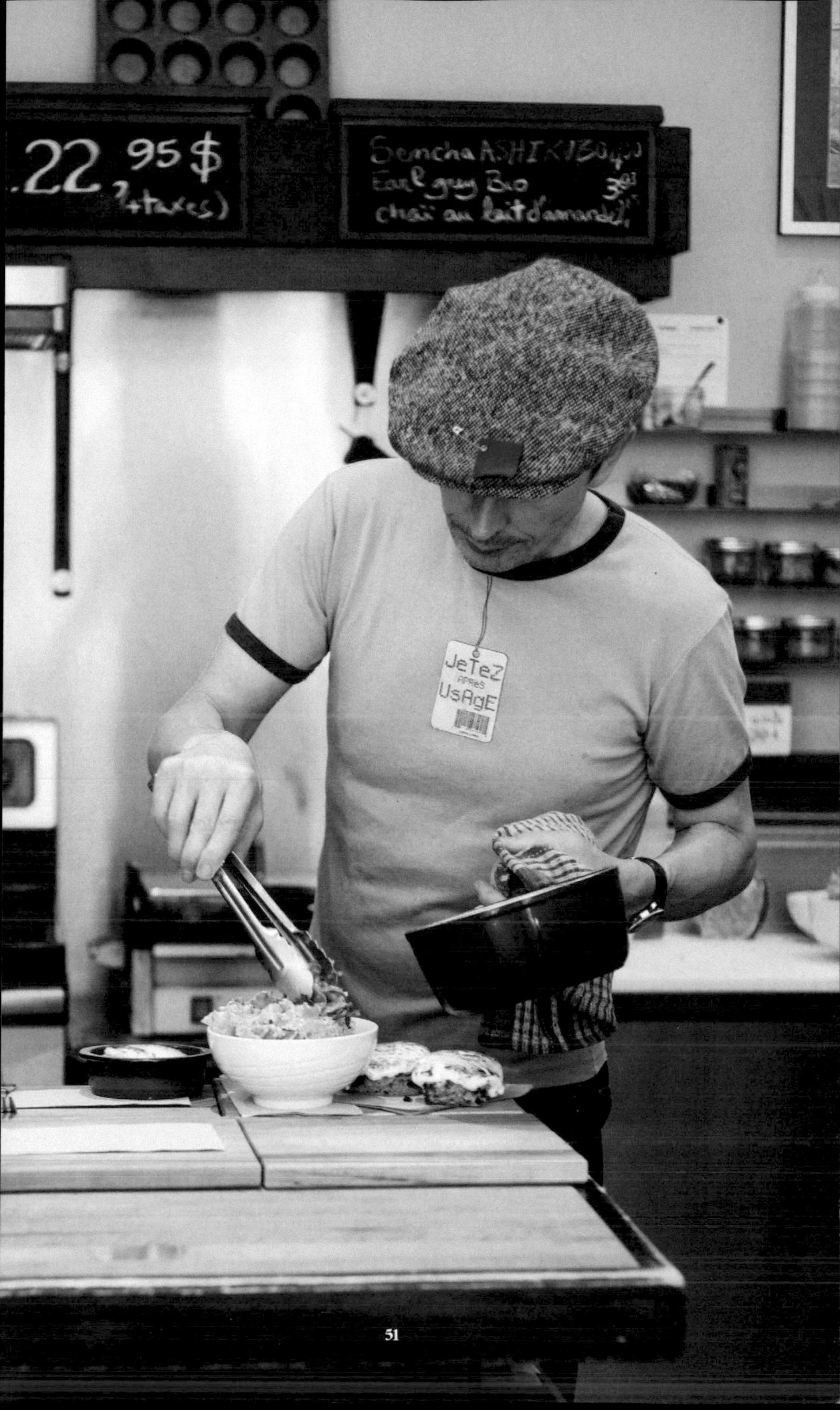
22 95 $
(+taxes)
JeTeZ
APReS
UsAgE

Noodle Factory

Avec un peu de chance, vous mangerez à ce restaurant alors que monsieur Lin Kwong Cheung y prépare les nouilles fraîches chinoises. Pour que les nouilles soient parfaites, la pâte doit être pétrie, étirée, torsadée, façonnée. Il en résulte l'impressionnant spectacle d'une technique qu'il maîtrise depuis longtemps.

L'endroit est reconnu pour ce plat de nouilles sautées faites à la main, à la texture unique. Mais c'est aussi pour les raviolis chinois que l'on s'y rend. On aime particulièrement ceux poêlés au porc ou ceux à la Hunan, de petites boules de porc nappées d'une exquise sauce aux arachides.

Bien sûr, les raviolis sont faits maison. Plus discrètement derrière, madame Su Hsiang Kuang les prépare minutieusement. Le spectacle est peut-être moins haut en couleur, mais le résultat est tout aussi savoureux.

Monsieur Cheung a quitté son Canton natal pour apprendre la cuisine à Hong Kong. Il a ensuite mis le cap sur le Nigeria, où il a longtemps travaillé dans les grands hôtels. Puis, en 1980, il s'installe au Québec. Fort de 30 années d'expérience en cuisine chinoise, il ouvre finalement son restaurant en 2008. C'est le premier qui présente aux Montréalais une solution de rechange aux nouilles du commerce.

Pourquoi on aime ?

Pour les repas rapides et économiques ; ouvert tous les jours, c'est le resto idéal avant d'aller passer la soirée dans les festivals du centre-ville.

Quartier chinois | 1018, rue Saint-Urbain
514-868-9738 | restonoodlefactory.com | $

Havre-aux-Glaces

*Cette glacerie artisanale, située au marché Jean-Talon,
offre la quintessence du dessert glacé en 24 sublimes
parfums de glaces et de sorbets.*

Au comptoir réfrigéré, on redevient enfant, exalté devant ce choix alléchant. On valse entre le sorbet aux framboises et celui au pamplemousse. Ou encore celui à la poire, délicat, avec sa petite touche de Sortilège, la liqueur d'érable. Et il y a l'incomparable glace au thé matcha... ou celle aux figues, épatante... Le choix est difficile, au point qu'on s'en prend deux. Et qu'on se promet de revenir. Après tout, le commerce est ouvert à l'année.

Drôle de nom à consonance maritime pour une glacerie, non ? On est pourtant loin de tout littoral. Tout s'explique quand on sait que le copropriétaire Robert Lachapelle est un passionné de voile et que c'est en dégustant une glace à la mangue au Bélize qu'il a compris que, pour rendre ce produit inoubliable, il n'y a rien de tel que la qualité des matières premières.

Rentré à bon port, c'est à proximité des producteurs et des importateurs installés au marché Jean-Talon qu'il fonde, en 2004, Havre-aux-Glaces avec son frère Richard.

On ne peut passer sous silence leurs créations à l'érable, dont la crème glacée au caramel brûlé d'érable, au goût amer et sucré à la fois, devenue un incontournable. Pour combler leur besoin en sirop et s'assurer qu'il soit d'une qualité exemplaire, les proprios ont fait l'acquisition d'une érablière en 2009 et ont décidé de le produire eux-mêmes.

Sachez que certains parfums ne sont offerts qu'en saison, lorsque le fruit est à son plein potentiel. C'est le cas pour les sorbets à la fraise, à l'orange sanguine sicilienne ou à la clémentine. Pour les frères Lachapelle, c'est la glace parfaite ou rien. Et c'est tout à leur honneur.

Pourquoi on aime ?

Pour la saveur intense des sorbets. Pour les glaces qui ne sont jamais trop sucrées. Pour le sorbet au citron... On salive juste à y penser.

◉

*La Petite-Patrie
Marché Jean-Talon, 7070, rue Henri-Julien
514-278-8696*

Café Milano

On en fait presque une obsession. Une fois que l'on est initié au
Café Milano, tout devient prétexte au détour vers Saint-Léonard.

Il faut dire qu'au Café Milano, on sert des sandwichs sensationnels bien que, de l'aveu même des proprios, ils ne soient pas typiquement italiens. Le fondateur Matteo Paranzino, originaire des environs de Campobasso, en Italie, voulait plutôt créer une version italienne des sous-marins nord-américains. Et c'est en les garnissant de laitue, d'oignons rôtis, d'aubergines marinées et de piment fort qu'il a trouvé une recette gagnante.

À l'ouverture du café, en 1971, Matteo n'offrait qu'un seul sandwich, celui à la saucisse italienne. Aujourd'hui, on peut choisir parmi plus de 10 variétés à garnitures généreuses, sur pain chaud et tendre. Poulet, thon, côtelette de veau, végétarien... Notre préféré en tant que carnivores qui s'assument ? Le steak capicollo. La quantité de viande, le sucré des oignons, le piquant du piment... un sandwich mémorable !

Et puisqu'on y est, aussi bien profiter du café italien, mélange maison bien corsé, et des cannoli, les irrésistibles petits tubes fourrés originaires de Sicile. Ils sont cuisinés sur place et sont de loin les meilleurs en ville. La pâte croustillante, jamais détrempée, a un léger goût de cannelle. La crème riche et onctueuse est faite de ricotta à 90 %. Fromage, pâte frite et sucre, on n'est pas loin du bonheur !

Ouvert 24 heures tous les jours de la semaine, le café est toujours bondé, à midi comme à minuit. On peut aussi flâner sur la terrasse et savourer notre sandwich en admirant les belles voitures et les habits griffés. L'espace d'un instant, on est téléporté à Milan.

Pourquoi on aime ?

Pour le quatuor sandwich steak-capicollo, eau pétillante, cannolo et café au lait. Un sans faute. Après ça, les sous-marins des grandes chaînes paraissent bien banals.

Saint-Léonard | 5188, rue Jarry Est
514-328-0561 | cafemilano.ca | $

Une institution

Dans les années 1970, Matteo Paranzino choisit d'établir son commerce dans un secteur en développement du quartier Saint Léonard. Au nord de la rue Jarry, il n'y a alors que des champs à perte de vue.

Le café qu'il y ouvre est à l'image de ceux de son pays natal : les gens commandent au comptoir, on s'interpelle joyeusement d'un bout à l'autre et les matchs présentés à la télé attirent hommes, femmes et enfants. Bientôt, l'endroit devient un incontournable du populaire quartier italien. Aujourd'hui, c'est son fils Marco qui assure la relève avec autant de fierté et de détermination que son père.

Rhubarbe

On mange d'abord avec les yeux. Chez Rhubarbe, rien n'est plus vrai.
Dans cette pâtisserie du Plateau-Mont-Royal, les sublimes créations de
Stéphanie Labelle nous ensorcellent avant même qu'on y ait goûté.

La présentation est magnifique : on dirait de petites œuvres d'art. Stéphanie en a fait sa marque de commerce. Afin de toujours offrir cette signature distincte qui séduit au premier coup d'œil, elle a choisi de produire moins que certains autres pâtissiers.

Les saveurs sont à la hauteur du coup de foudre visuel. La tarte au citron, diaboliquement goûteuse et surmontée de petits pics de meringue, est parfaitement équilibrée tant dans le goût que dans la forme. L'étagé poire-praliné noisette est divinement délicat avec ses fines couches parfaitement construites. Le millefeuille vanille-caramel, beau et bon à pleurer, est disponible seulement le week-end, ce qui nous rend fous en début de semaine. On se surprend à compter les dodos.

À la pâtisserie Rhubarbe, on s'offre aussi le brunch du dimanche dans une formule simple et efficace. Prix fixe, café au lait inclus, scone offert en amuse-bouche, choix de plats sucrés ou salés et, pour finir, un dessert surprise. Au menu, œufs brouillés à l'huile de truffe, gaufres aux bleuets sauvages et crème de citron, brioche perdue avec pêches rôties et mascarpone... On fait quoi dimanche ?

Pourquoi on aime ?

Pour tout. Sur les médias sociaux, un admirateur a écrit que le millefeuille vanille-caramel est le meilleur dessert qu'il ait mangé de sa vie ; un autre précisait que Rhubarbe est peut-être la meilleure pâtisserie en Amérique du Nord. On est d'accord. C'est tout dire.

Plateau-Mont-Royal | 5091, rue de Lanaudière
514-903-3395 | patisserierhubarbe.com

TARTINADE
ET
CONFITURE
PETIT 5
GRAND 9

THÉIÈRE
TORCHON 19"

L'attrait de l'interdit

Pour Stéphanie Labelle, la pâtisserie est chargée de souvenirs. Très jeune, elle concocte gâteaux et autres délices avec sa mère et sa grand-mère. En cuisine, c'est ce qu'elle préfère par-dessus tout. Parce que c'est festif et rassembleur. Parce que ça fait toujours plaisir. Et parce qu'il y a ce petit côté interdit qui nous fait dire chaque fois que l'on ne devrait pas... Pfft !

En octobre 2010, Stéphanie réalise enfin son rêve d'ouvrir sa pâtisserie, un endroit qu'elle veut personnel et sans artifice. Le nom Rhubarbe va de soi : c'est un des premiers produits québécois à apparaître dans les kiosques des maraîchers au printemps. Et elle adore cette plante sous-estimée, qui pousse en abondance au Québec, pour sa couleur vive et son côté acidulé.

Été

Quelle belle saison ! Montréal se fait grandiose. Trois mois
d'événements en rafales transforment la ville et imposent le rythme.
On sort, on danse, on mange. On envahit les parcs,
on astique les vélos, on allume les barbecues. Les vacances arrivent.
La chaleur et le farniente s'installent. Le désir de bien manger aussi...
jusqu'à la prochaine rage de crème glacée.
Les résolutions, gardons ça pour janvier.
Profitons de l'été !

Olive + Gourmando

Ici, tout est magique : le décor, l'atmosphère, la bouffe.
Mais, surtout, tout est magistralement délicieux et
fait maison : pain, viennoiseries, mayo, granola,
confiture, ketchup... même la ricotta !

«**R**eal food served here», peut-on lire au tableau noir. On n'en doute pas une seconde à la vue des salades du jour, débordantes de produits de saison. Haricots verts, tomates, roquette, poivrons, concombres... autant de légumes frais qui inspirent quotidiennement les deux chefs propriétaires, Dyan Solomon et Éric Girard. Coup de foudre assuré pour la salade herbivore, *vegan* et sans gluten, un mets aux saveurs asiatiques composé, entre autres, de nouilles Ramen de sarrasin, de chou rouge, de noix de coco grillée, d'arachides et de menthe. Un pur délice !

Le sandwich au poulet de grain cajun est possiblement le meilleur du genre en ville. Bourré de guacamole, de tomate et de mangue, il est à couper le souffle. Il en va de même pour le très populaire cubain, un panini chaud garni de jambonneau et de porc braisé, agrémenté de cette diabolique mayonnaise maison au chipotle et à la lime. Un ravissement à chaque bouchée.

Évidemment, impossible de résister aux pâtisseries. On salive rien qu'à penser aux extraordinaires brownies au chocolat Valrhona et à l'espresso, ou encore à la Turtle Bar, un sablé garni de caramel salé, de pacanes et de chocolat. Qui a dit que la gourmandise était un péché capital ?

Dyan est anglophone ; Éric, francophone. Aux murs de leur café, ils ont inscrit des notes amusantes qui rallient leurs langues maternelles : « Eat your veggies », « Non, le brownie n'est pas un légume » ou encore « Tasty + Delicious food par ici ». Le résultat est sympathique et accueillant. À leur image.

Pourquoi on aime ?

Pour l'ensemble de l'œuvre.

Vieux-Montréal | 351, rue Saint-Paul Ouest
514-350-1083 | oliveetgourmando.com | $

Les extraordinaires
brownies
3.75

Biscuit
choco belge
pacanes
2.75

wild
blueberry
muffin
3.50 $tx

muffin aux
Bananes
3.75 $tx

Scones

Scone
figues épices
3.50 $tx

Regarder droit devant

Dyan Solomon et Éric Girard ont eu du flair en métamorphosant leur café au fil des années... et au fil de sa popularité.

Au départ, fin des années 1990, Olive + Gourmando était une petite boulangerie de quelques tables, surtout fournisseur de plusieurs restaurants de la ville. À peine quelques années plus tard, grâce à son café et à ses sandwichs de luxe, l'endroit était considéré comme un incontournable du quartier. Le manque de places assises était devenu criant.

Comment résoudre ce problème d'espace ? Dyan et Éric ont opté pour l'innovation : ils ont réduit la production de pain (qui demandait de vastes locaux) afin de répondre seulement à leurs propres besoins. Tranquillement, le menu et les lieux ont été adaptés pour faire de cette boulangerie un formidable café. Aujourd'hui, Olive + Gourmando est un *must* du Vieux-Montréal.

asty + delicious
food par **ici**

- Nos saveurs -

- Crème glacée

- Chocolat 72%
- Vanille
- Nutella
- Beurre salé
- Masala chaï

- Sorbet

- Pamplemousse
- Mangue
- Framboise
- Corossol
- Eau d'érable

- Crème glacée molle maison

- Sorbet fraise et
- Crème glacée cheesecake
  3.27 $

- Tous nos prix sont taxes incluses

☑ Coupe 100 ml = 2.77 $

☑ Coupe 150 ml = 3.78 $

☑ Coupe 200 ml = 4.80 $

- Une boule
  sur co
  3.2

- Deux b
  sur co
  4.

- Pot 5

Kem CoBa

Diem Ngoc Phan est pâtissière et chocolatière de descendance vietnamienne. Son conjoint, Vincent Beck, est français et chef pâtissier. Ensemble, ils ont créé une glacerie toute québécoise... avec des accents et des subtilités qui rappellent leurs pays d'origine.

Dans ce petit commerce où règnent le vert et le rose, Ngoc et Vincent nous accueillent avec le sourire, attentifs comme si nous étions les seuls clients sur place. Et pourtant ! Par de chaudes journées et soirées d'été, les résidents du quartier – et même d'autres arrondissements – accourent pour se régaler de leurs desserts glacés aux parfums inusités.

Sans colorant ni agent de conservation, leurs glaces artisanales sont composées d'ingrédients naturels de première qualité. Cette production exotique nous transporte littéralement : hibiscus, masala-chaï ou corrosol, un gros fruit tropical au goût acidulé, autant de noms et de saveurs qui nous font rêver de voyage... On est agréablement étonné par l'originalité du sorbet Earl Grey ou par la merveilleuse glace au beurre salé, la plus populaire de l'endroit.

Reste que c'est la crème glacée molle de Kem CoBa qui a bâti sa réputation. Le couple s'amuse depuis les débuts à la proposer en duo, alliant dans une torsade deux parfums rafraîchissants : bleuet et miel, vanille de Madagascar et fruit de la passion, dulce de leche et mangue, lait d'amande et griotte... Et c'est chaque fois un délice. Une nouvelle combinaison est proposée toutes les deux semaines. Quel beau prétexte pour y retourner souvent !

En période d'accalmie, et lorsque la température est plus fraîche, les propriétaires mettent en valeur leur formation de pâtissiers en cuisinant de succulentes gâteries – cannelés de Bordeaux, tuiles aux amandes, petits gâteaux quatre-quarts – pour le plus grand ravissement de leurs fidèles clients.

Pourquoi on aime ?

Pour l'audace. Et pour le sorbet lime-menthe, frais et ensoleillé, qui nous rappelle le mojito dans une succulente version glacée. Le mal de tête en moins.

Mile End | 60, avenue Fairmount Ouest
514-419-1699 | kemcoba.com

BOULANGERIE

St-Viateur Bagel

Rien ne se compare à un bagel chaud, tout droit sorti du four à bois. Croustillant à l'extérieur, tendre à l'intérieur... c'est un des petits plaisirs de la vie typiquement montréalaise.

Le comptoir de St-Viateur Bagel assouvit les fringales des Montréalais depuis 1957, 24 heures sur 24, 7 jours sur 7. Le fondateur, feu Myer Lewkowicz, a légué son entreprise à son associé, Joe Morena, en 1994. Aujourd'hui, c'est toute la famille Morena qui est derrière le commerce.

Chaque bagel est roulé à la main avant d'être bouilli dans une eau sucrée au miel, ce qui le distingue du bagel new-yorkais. Il est ensuite saupoudré de graines de sésame, puis mis à cuire au four à bois à l'aide de la shiba, un long bâton d'érable de plus de 3 mètres. Planté devant la caisse, avec une vue imprenable sur le four, on s'étonne à chaque visite de l'agilité avec laquelle les employés la manient. Derrière ce qui semble être un jeu d'enfant, il y a tout un savoir-faire.

Quand on a envie d'un petit classique rapide, on peut se munir sur place de saumon fumé et de fromage à la crème. Mais, honnêtement, encore chauds, les bagels se dévorent tels quels. Sans artifice. Un grand moment de bonheur pour aussi peu que 70 cents.

Pourquoi on aime ?

Parce qu'avec le parfum qui en émane, jamais un sac de 12 bagels ne s'est rendu intact jusqu'à la maison. Certains de nos proches croient même que St-Viateur vend les bagels à la «onzaine». Ne leur révélez surtout pas notre secret.

Mile End | 263, rue Saint-Viateur Ouest
514-276-8044 | stviateurbagel.com

Boucherie Le Marchand du Bourg

Marc Bourg n'est pas un boucher ordinaire.
Passionné comme ça se peut pas, il a créé une « boutique du steak »
audacieuse, où la seule viande proposée est le bœuf.

Ce qui frappe d'emblée chez Le Marchand du Bourg, c'est l'absence de présentoir réfrigéré. Contrairement aux boucheries classiques, la viande n'y est pas coupée d'avance et préemballée. Le patron coupe chaque morceau à la commande, devant ses clients, à l'épaisseur souhaitée.

Et il ne vend que le bœuf Angus de l'Ouest canadien. Sa clientèle ? Les vrais de vrais amateurs de steak et les fins gourmets. Ceux qui sont prêts à payer un peu plus – et parfois beaucoup plus – pour le meilleur, pour le raffinement, pour s'offrir une tranche d'extraordinaire.

Ce bœuf de qualité supérieure est offert en seulement quatre coupes choisies : côte, contre-filet, filet et bavette. Mais la véritable spécialité de la maison est une autre rareté : la côte de bœuf vieillie à sec pendant 40, 120 ou 180 jours. Ce processus de vieillissement strictement contrôlé rend la viande remarquablement tendre et lui confère cette odeur de noisette dont raffolent les connaisseurs.

Le steak vieilli 120 ou 180 jours n'est disponible qu'en commande spéciale et, prix considérable oblige, on ne le déguste que dans les grandes occasions. Un produit très haut de gamme ! Le bœuf vieilli 40 jours, plus accessible, est offert à l'année. Un petit luxe à savourer par un beau soir d'été.

Pourquoi on aime ?

Parce que le boucher place sa relation avec le client au-dessus de tout. Il prend le temps de discuter, de conseiller et même, à l'occasion, d'offrir le café. Et parce que ce vrai passionné tire sa fierté d'un produit de qualité incomparable dont on se rappellera longtemps.

La Petite-Patrie | 1661, rue Beaubien Est
514-439-3373 | marchanddubourg.com

Retour à l'essentiel

Après des années de travail au sein de grandes industries, le Gaspésien d'origine est retourné à la base et a ouvert un commerce en misant sur trois points : qualité du produit, réduction des pertes et relation privilégiée avec le client.

Ce rôle de boucher à contre-courant, Marc Bourg y croit fermement. Il nous accueille, costumé, dans sa boutique meublée à l'image des boucheries d'antan, avec comptoir de bois, pendule, photos et radio d'époque. Une boutique originale pour le plus excentrique des bouchers.

Héritage Kalamata

*Des olives québécoises ? On ne le croyait pas... jusqu'à
ce que le propriétaire Francis Senécal nous raconte
son histoire. Une belle histoire faite d'amitié, d'amour et
de travail acharné. Avec la Grèce comme toile de fond.*

Il y a plusieurs années, Francis a fait la connaissance d'un Grec établi à Montréal mais dont la famille possédait plusieurs terres à Iamia, en Grèce. Il l'a suivi dans son village natal pour y être initié à la culture des olives. Aussitôt, ce fut le coup de foudre pour ce pays, son peuple et ses produits. Francis a alors décidé de cultiver les terres inutilisées de son ami et de devenir producteur d'huile d'olive.

De retour à Montréal, il ouvre, avec sa conjointe Isabelle, un commerce dans La Petite-Patrie. Chaque année, peu après Noël, le couple retourne en Grèce pour récolter les fruits de ses oliveraies et produire une huile de qualité supérieure dont il est fier, à juste titre.

Décorée en toute simplicité de photos qui relatent leur histoire, leur petite boutique sert aussi d'atelier de transformation. Avec patience, Isabelle et Francis y farcissent les olives – une à une – avec des ingrédients de première qualité. de leurs olives farcies aux amandes rôties, au fromage bleu et aux noble, et de la version noix de cajou sautées au cari. Mais notre coup de cœur revient aux olives La Bomba, farcies d'un délectable mélange : aubergine, artichaut, carotte, champignon et piment fort. Sortez-les à l'heure de l'apéro. Succès garanti !

Pourquoi on aime ?

Pour les olives farcies, mais aussi pour l'huile d'olive herbacée et fruitée, avec une finale poivrée en bouche. Et pour le concept de L'Écolo, une huile d'olive vendue en vrac dans une bouteille de verre réutilisable. Écologique et de qualité, que demander de plus ?

*La Petite-Patrie | 1129, rue Bélanger
514-212-2021 | heritagekalamata.com*

Bottega

Il en rêvait depuis longtemps. À l'âge de 22 ans, Fabrizio Covone met le cap vers Naples, la ville de ses ancêtres, en quête de la vraie pizza napolitaine. Il revient à Montréal deux ans plus tard avec, dans ses bagages, le fameux secret et... un four à bois de 3 500 kilos.

Ce secret ? La maîtrise de la pâte, la qualité des ingrédients et un four capable d'atteindre une température de 900 °F ! Cet appareil permet de cuire une pizza en 90 secondes, ce qui en optimise toutes les saveurs. Fabrizio savait qu'il serait impossible de trouver un tel four à Montréal, alors il en a importé un.

C'est au cœur de la Petite Italie qu'il installe, en 2006, son fameux four à bois. Depuis, dans son atelier artisanal, sa *bottega*, il recrée le plus authentiquement possible la pizza de la célèbre ville italienne. Sa margherita, garnie uniquement de sauce tomate, de mozzarella et de basilic, tire son raffinement de sa délicieuse simplicité et de la qualité de ses ingrédients. La croûte est incomparable, légère et croustillante.

Ici, pas de carte surchargée. D'un côté, une quinzaine de *sfizi,* des hors-d'œuvre napolitains, comme la boulette de viande en sauce tomate, les croquettes de riz farcies ou la salade caprese. De l'autre, sensiblement le même nombre de pizzas fines, dont la Nolana aux rapinis et à la saucisse maison, la Rucola aux tomates cerises, au basilic et à la roquette, ou la somptueuse Tartufo Nero, aux truffes noires et aux copeaux de Grana Padano. Fabrizio mise sur des recettes admirablement maîtrisées, et cela se goûte à chaque bouchée.

Ajoutons à cela un service professionnel, courtois et efficace, ainsi qu'une très belle carte de vins italiens – pour la plupart en importation privée –, et l'on obtient tous les ingrédients d'une soirée réussie. En toute simplicité.

Pourquoi on aime ?

Parce que ce restaurant est une valeur sûre et que l'histoire de son propriétaire est fascinante. En voilà un qui a gagné son pari et qui nous offre du bonheur, une pointe à la fois.

La Petite-Patrie | 65, rue Saint-Zotique Est
514-277-8104 | bottega.ca | $$

Pizzeria

DOLCI

- BISCOTTI
- TIRAMISÙ
- CANNOLI
- TORTA CAPRESE
- PIZZA NUTELLA
- TORTA CAPRESE
  AL LIMONE

GELATO

- NOCCIOLA
- PISTACCHIO
- GIANDUIA
- CARAMEL PECAN
- LIMONE
- LAMPONE
- MANGO
- BASILICO
- CAFFE
- FIOR DI LATTE

Petit cuisinier deviendra grand

On peut dire que Fabrizio est tombé dedans quand il était petit. Fils de restaurateur, il a commencé sa carrière à 12 ans en préparant le café dans le restaurant de son père. Son chemin était tracé d'avance.

À son retour d'Italie, dès la naissance de son projet, il bénéficie du soutien de sa famille : son père devient son associé ; son frère, le maître d'hôtel ; sa mère, la pâtissière de la maison. C'est d'ailleurs à elle que l'on doit l'époustouflant tiramisu. Gardez-vous une place pour le dessert.

CAFÉ

Café Myriade

Pour certains, le café est une simple boisson énergisante.
Pour d'autres, comme Anthony Brenda, c'est une
véritable science : tous les éléments sont testés et mesurés
avec précision pour donner le meilleur café qui soit.

Et c'est exactement ce qu'on trouve au Café Myriade : une boisson extraordinaire au goût prodigieusement équilibré. Les saveurs sont subtiles et exquises. Même les néophytes s'en rendent compte à la première gorgée. C'est à se demander pourquoi on n'a jamais goûté pareil café auparavant.

Les petits chefs-d'œuvre d'Anthony sont le résultat d'une dizaine d'années d'expérimentations méthodiques. Tout est contrôlé : la mouture, la température et la quantité de grains. Même l'eau est savamment étudiée.

Son laboratoire ? Un café décontracté du centre-ville, bondé d'étudiants et de jeunes professionnels qui viennent y chercher leur ration quotidienne et profiter de la terrasse en été.

Cappuccino, latte, café filtre, peu importe notre préférence, le café est toujours réalisé dans les règles de l'art, de manière à faire ressortir le goût de chaque grain. Et on le savoure chaque fois avec un plaisir renouvelé.

Pourquoi on aime ?

Parce que le café est inégalé. Et parce que la maison propose aussi différentes façons originales de le préparer, comme le siphon, qui donne un café clair, sans résidus, léger au goût. Le spectacle d'une telle méthode est impressionnant.

Centre-ville | 1432, rue Mackay
514-939-1717 | cafemyriade.com | $

Banh Xeo Minh

Vous pensez connaître l'essentiel de la gastronomie vietnamienne parce que vous êtes déjà un adepte des pho, des bun bo et des rouleaux printaniers ? Ne vous en déplaise, il y a fort à parier que vous serez complètement dérouté à la vue de la carte de ce resto de La Petite-Patrie.

Heureusement, le menu est très imagé, ce qui permet de s'y retrouver un peu... Quoique... Avouons-le, à part les rouleaux printaniers, on est en terre parfaitement inconnue.

On apprend rapidement que la spécialité de la maison, c'est le banh xeo, une grande crêpe faite de farine de riz, de curcuma, de crevettes et de morceaux de porc. Elle est farcie de fèves germées et servie avec de la laitue et des herbes fraîches – de la menthe, mais aussi d'autres, peu connues, comme la périlla mauve au léger goût de cumin, et la vap ca, une plante aquatique au goût acidulé et aux jolies feuilles en forme de cœur. C'est léger et c'est frais.

On termine le repas avec un « trois couleurs » (che 3 mau) ou un suong sa hot luu, des boissons-desserts riches, composées entre autres de châtaignes d'eau, de pâte de tapioca, de haricots jaunes mungo, de morceaux de gélatine et de lait de coco. Agréablement et totalement dépaysant.

Quan Quor Hung a tenu pendant 15 ans un restaurant dans le quartier chinois. Le loyer trop cher et les difficultés de stationnement l'ont amené à s'établir ailleurs et à se distinguer en proposant un menu complètement différent de celui des autres restaurants vietnamiens. Il n'est pas rare de le voir assis à une table à préparer des banh bot loc ou des banh nam. Vous connaissez ?

Pourquoi on aime ?

Parce que l'on ne peut pas faire plus authentique et familial. D'ailleurs, le mot « Minh », qui termine le nom du resto, correspond au prénom du fils du patron. Et sachez qu'ici, on mange les crevettes avec leur carapace... « Comme au Vietnam », nous précise monsieur Hung.

La Petite-Patrie | 1308, rue Bélanger
514-272-4636 | $

Byblos, le petit café

Ce n'est pas un endroit comme les autres, à mi-chemin entre le restaurant et le café. On arrête chez Byblos pour un déjeuner des plus originaux, pour un repas dépaysant ou simplement pour prendre le thé. Voyage au cœur des Mille et une nuits.

À l'extérieur, déjà, la magie s'installe. La façade de bois est magnifique et élégante. Les immenses fenêtres coulissantes s'ouvrent et laissent pénétrer la lumière. À l'intérieur, les arômes de safran et de cardamome sont invitants. Tout comme ces jolis coussins persans. On s'imagine pouvoir y rester des heures. Et on le fera, un thé iranien à la main.

Le restaurant est célèbre pour ses déjeuners qui sortent de l'ordinaire. On se régale de l'omelette à la féta, généreusement saupoudrée d'aneth et que l'on accompagne de petits pains sucrés. Le mélange sucré-salé est renversant. Les confitures, une trentaine, toutes faites maison, sont délicieuses. Pétales de rose et pistaches, ananas et gingembre, prune, fleur d'oranger, lime et nectarine, fraise, épine-vinette, orange et carotte, le choix est impressionnant... et difficile.

Aux repas du midi et du soir, on découvre une cuisine toute en finesse. Les mets iraniens sont peu épicés, mais agréablement parfumés et délicats. On débute par une sélection de petits plats à partager, les mazza (purées de légumes, de fines herbes ou de légumineuses) ou les boranis (mélanges de yogourt et de légumes), dont le délicieux yogourt betterave et menthe. Comme plat principal, on opte pour un poulet aux œufs et au safran sur riz basmati. L'onctuosité de l'œuf, la douceur du safran... On en redemande tellement c'est bon !

Pourquoi on aime ?

Pour la convivialité des plats à partager. Et parce que l'on découvre une cuisine de poésie et de charme, aux parfums sublimes d'Orient.

Plateau-Mont-Royal | 1499, avenue Laurier Est
514-523-9396 | bybloslepetitcafe.ca | $-$$

Un repas dominical original

Originaire du nord de l'Iran, Héméla Pourafzal débarque au Québec en 1987 et s'y sent immédiatement chez elle. Deux ans plus tard, elle ouvre son restaurant, avenue Laurier, où elle initie les Québécois à la culture et à la cuisine de son pays. Elle propose tous les dimanches le plat national iranien, le dizzy, un mijoté d'agneau, de légumineuses, de pommes de terre et de tomates, servi comme la tradition l'exige. Vous croyiez vous reposer? Détrompez-vous. Manger un dizzy requiert un minimum de participation. À l'aide d'un pilon, on doit séparer le bouillon de la viande et déguster les deux parties séparément avec du pain et des fines herbes. Quelle belle expérience gustative! Merci, madame Pourafzal.

Mycoboutique

*En ouvrant, en 2006, une boutique consacrée
uniquement aux champignons, Pierre Noël a vu juste :
l'adresse est devenue un lieu d'approvisionnement
exceptionnel pour plusieurs chefs montréalais
(et pour bon nombre de prétendants chefs, comme nous !).*

Le moins que l'on puisse dire, c'est que Pierre Noël aime ce qu'il fait. De son propre aveu, ça tourne même à l'obsession. Intarissable au sujet des champignons, il partage généreusement et passionnément son savoir avec ses clients.

Les étalages regorgent de champignons séchés. On se croirait chez l'apothicaire avec ces dizaines de grands bocaux de verre débordants de champignons dont on ne connaissait pas l'existence jusqu'ici : reishi sauvage du Québec, chaga, armillaire ventru, marasme des oréades, maitake… Intimidant, tout ça ? Un peu, mais monsieur Noël se fait un plaisir de décrire ses trésors un à un et de souligner les particularités gastronomiques de chacun. Étrangement, on a soudain envie de se faire un risotto.

Au comptoir des produits frais, on achète les champignons sauvages du Québec en saison, ou des importations de la côte ouest américaine ou de l'Europe en hiver. Morille, chanterelle, cèpe, matsutake, lactaire à odeur d'érable… L'inventaire change au fil des semaines et de la disponibilité des espèces.

La Mycoboutique sort aussi des sentiers battus en cuisinant sur place des délices originaux, comme le velouté de champignons sauvages, la fougasse aux trompettes des morts ou encore de surprenants sablés aux cèpes.

Pourquoi on aime ?

Parce que la boutique rend pleinement justice à ce produit dont les vertus gastronomiques sont sans égal. Et pour la grande variété de produits fins proposés, qui vont du poivre de pleurotes à l'huile de truffes noires biologique, en passant par toute une gamme de tapenades, de marinades et de condiments… aux champignons, vous l'aurez deviné !

◉

*Plateau-Mont-Royal | 4324, rue Saint-Denis
514-223-6977 | mycoboutique.ca*

Djon djon

Le Club Chasse et Pêche

Enseigne discrète, entrée caverneuse, nom singulier. Ne vous fiez pas à votre première impression : Le Club Chasse et Pêche n'est pas un club privé. Depuis 2005, le chef Claude Pelletier et son acolyte Hubert Marsolais accueillent les convives dans un restaurant qui est devenu l'une des meilleures tables de l'île.

On est aux antipodes des restaurants branchés. Ici, on laisse le bling-bling au vestiaire. Pas de DJ, de serveurs-mannequins ni de formule à deux services. On se rend au Club pour la cuisine sans faille et l'agréable ambiance feutrée. C'est immanquable, on y passe chaque fois une soirée mémorable.

Le décor est sobre, mais rempli d'histoire. Murs de pierres et voûtes de briques confèrent à la salle une atmosphère particulière, chaude et intime. L'héritage d'un ancien restaurant portugais teinte encore les lieux, la tapisserie du plafond et les armoiries arborant toujours la croix portugaise.

Toutes les règles de l'art sont respectées. Un service courtois, attentionné et personnalisé va de pair avec une cuisine sublime et raffinée. Au menu : risotto au cochonnet braisé et copeaux de foie gras, omble au cari et au lait de coco, pétoncle à l'unilatérale, purée de fenouil et émulsion au citron... Des plats impeccables réalisés de main de maître.

Le restaurant n'est ouvert que le soir, sauf l'été. Depuis cinq ans, durant la saison chaude, c'est sur la terrasse surplombant les magnifiques jardins de style français du Château Ramezay que l'on déguste le lunch. Une cuisine estivale dont on profite quelques semaines dans un cadre particulièrement enchanteur.

Pourquoi on aime ?

Parce que tout est parfait ! Présentation, vin, dessert... On rêve d'y retourner pour l'assiette Chasse et pêche – un « terre et mer » revisité, composé d'une queue de homard confite au beurre blanc et d'un beau morceau de bœuf Kobe. Oui, l'addition peut être salée. Mais l'expérience est digne de mention, du début à la fin.

◉

Vieux-Montréal | 423, rue Saint-Claude
514-861-1112 | leclubchasseetpeche.com | $$$

RESTAURANT

Pho Bac

*On l'a mis à notre agenda en mode récurrence.
Chaque mois, un lunch chez Pho Bac s'impose.
C'est une posologie qu'on respecte à la lettre.
Comme des centaines d'autres professionnels
des alentours, qui, toute l'année, envahissent
ce boui-boui sur l'heure du midi.*

Situé dans le quartier chinois, entre le Vieux-Montréal et le centre-ville, Pho Bac bénéficie d'un emplacement de choix pour attirer les travailleurs. Mais c'est surtout pour la qualité de la bouffe, légère et savoureuse, la rapidité du service (on y lunche en une heure top chrono) et le prix ridiculement bas que l'on y retourne encore et toujours.

Ici, on commande par numéro. En véritable accro, on est toujours tenté de prendre le même. Le 25, un grand bol de vermicelles et de tendres lanières de bœuf grillé, au sublime goût de citronnelle, avec rouleaux impériaux, légumes légèrement marinés, salade et coriandre. Le meilleur bun bo de Montréal.

Ou alors on flanche pour le numéro 6, la soupe tonkinoise aux minces tranches de bœuf saignant, remplie de nouilles cuites à la perfection, d'oignons, et d'un vivifiant bouillon au subtil goût de gingembre et de clou de girofle. Les garnitures – fèves germées, basilic thaïlandais, piment fort et lime – sont fraîches et généreuses.

On termine le repas avec un beignet aux bananes ou une limonade maison. Et on regarde le calendrier. C'est trop long, un mois. C'est décidé, on revient la semaine prochaine.

Pourquoi on aime ?

Parce que c'est une bouffe délicieuse, santé, rapide et à bas prix. Parce que, depuis maintenant 10 ans, c'est le rendez-vous que l'on ne reporte jamais.

*Quartier chinois | 1016, boulevard Saint-Laurent
514-393-8116 | $*

Au Kouign-Amann

*Kouign quoi? Malgré son nom étrange, le kouign-amann
est une viennoiserie bretonne tout ce qu'il y a de plus française.
Et une fois que l'on a découvert son incomparable goût de
caramel salé, on se réjouit de pouvoir en trouver à Montréal.*

Dans cette pâtisserie-boulangerie du Plateau-Mont-Royal, on a fait du kouign-amann la spécialité. En breton, *kouign* signifie «gâteau», et *amann*, «beurre». C'est donc un mélange cochon et assumé de pâte à pain, de sucre et de – beaucoup – de beurre salé. À la cuisson, une belle croûte de caramel se forme à l'extérieur du gâteau, alors que l'intérieur, lui, reste tendre et feuilleté. Le goût est sublime. Comment pourrait-il en être autrement?

La boutique regorge aussi de croissants, de financiers, de tatins, de danoises aux framboises, de chocolatines et de far aux pruneaux, un dessert breton qui rappelle le clafoutis. Tous faits «pur beurre», ces petits bijoux ont un côté presque indécent qui est loin de nous déplaire.

L'étroitesse du local, le mur de briques, les armoires d'époque et les chaises disparates confèrent au décor un petit aspect coquet. L'espace restreint oblige aussi les employés à produire des petits délices tout au long de la journée. Pas de place pour stocker. La fraîcheur est donc indéniable... et que dire de l'odeur! Ça sent le paradis!

Rien de plus agréable que de s'y présenter pour une collation d'après-midi et de se faire servir des produits tout chauds, tout beaux.

Pourquoi on aime?

Parce qu'il n'y a rien de tel qu'une pointe de kouign-amann fraîchement sorti du four.

*Plateau-Mont-Royal | 322, avenue du Mont-Royal Est
514-845-8813*

De boulanger...
à boulanger

C'est la plus ancienne boulangerie de l'avenue Mont-Royal. Le patron, Nicolas Henry, l'a acquise d'un Breton, qui en était propriétaire depuis 15 ans et à qui l'on doit le nom et la vocation de la boutique. Avant lui, c'est un artisan boulanger d'origine roumaine qui, pendant 35 ans, a fait du pain pour les gens du quartier. D'ailleurs, toutes ces années de préparation et de pétrissage de la pâte au même endroit ont laissé leur marque : le plancher de bois d'origine est creusé là où l'homme pétrissait son pain. Un bel héritage que l'on peut encore voir aujourd'hui.

Automne

Splendeur et abondance. Le moins que l'on puisse dire, c'est que
l'automne éveille les sens. Les flamboyantes nuances de rouge, de jaune
et d'orangé nous émerveillent chaque année. On est happé par la
distinctive et inoubliable odeur des matins embrumés.
Le temps frisquet est de retour et les marchés débordent à nouveau
de fruits et de légumes d'ici. Le plus beau prétexte qui soit pour céder
à l'appel de la gourmandise.

Romados

*Chaque jour, des centaines de clients font la queue devant
le comptoir de cette rôtisserie portugaise du Plateau-Mont-Royal.
Mais qu'est-ce qui peut bien pousser tous ces gens à attendre durant
parfois de longues et précieuses minutes ? C'est assez simple à
comprendre : le poulet de Romados pourrait bien être la huitième
merveille du monde. Et on exagère à peine.*

Ah ! le poulet grillé doucement sur charbon de bois. Quel délice ! Celui de Romados est prodigieux, tendre et juteux, avec un petit goût de piment et de fumé tout à fait renversant. On se jette sur sa peau bien dorée, goûteuse et croustillante. Pour l'apogée des saveurs, on prend notre poulet « piquant », c'est-à-dire badigeonné d'une sauce épicée maison, concoctée exclusivement par le chef Alves, un employé de longue date.

Fondé en 1994 par Fernando Machado, Romados est devenu au fil du temps l'un des comptoirs pour emporter les plus populaires de l'île. Les jours les plus achalandés, c'est 1200 poulets qui sont cuisinés pour une clientèle affamée. L'incroyable rapport « qualité-quantité-prix » y est certainement pour quelque chose. Un repas-combo – cuisse succulente, frites et salade – pour 7 $, c'est difficile à battre ! La portion est énorme et on mange plus qu'à sa faim.

Il y a bien quelques tables et tabourets pour nous permettre de dévorer notre repas sur place, mais on préfère encore l'emporter pour le savourer au parc ou tranquilles à la maison. Et conseil d'ami : appelez pour faire préparer votre commande. Vous passerez ainsi plus vite. Mais si vous devez faire la file, consolez-vous : que sont quelques petites minutes d'attente pour avoir la chance de déguster une des merveilles de ce monde ?

Pourquoi on aime ?

Entre autres, parce que le restaurant est toujours ouvert. Il ne ferme que deux jours par an, le 25 décembre et le 1er janvier. Et parce qu'il s'agit du meilleur poulet que l'on ait mangé dans notre vie. Point final.

*Plateau-Mont-Royal | 115, rue Rachel Est
514-849-1803 | $*

Boulangerie Mr Pinchot

En plein cœur du Plateau-Mont-Royal se trouve une coquette boulangerie qui pourrait bien se targuer de faire les meilleurs croissants en ville.

C'est en 2009 que Guitta Haddad acquiert la Boulangerie Mr Pinchot, fondée une quinzaine d'années auparavant. Comme elle n'avait aucune expérience de boulangère, Guitta aurait pu se contenter d'administrer le commerce. Eh bien, non ! Séduite par l'endroit, elle met non pas une, mais les deux mains à la pâte et décide de tout apprendre sur la fabrication du pain, des pâtisseries, des viennoiseries et des mignardises.

Aujourd'hui, la boulangerie de quartier est reconnue pour la qualité de son pain, préparé à la main, à l'ancienne, et pour la fraîcheur de ses mets à emporter. Les baguettes encore chaudes se transforment, sur commande, en gros sandwichs de luxe à la garniture généreuse : rillette de canard ou de lapin, rôti de bœuf, végépâté maison, jambon fromage, etc. Les savoureuses pizzas et quiches sont, elles aussi, préparées et cuites sur place.

Les gourmands se régaleront des délicieux carrés aux dattes, des fantastiques éclairs au chocolat à la pâte à choux aérienne, et des croissants aux amandes, bien riches et fondants. Les viennoiseries et les décadentes mignardises sont si joliment présentées qu'il est absolument impossible de ne pas succomber.

Puisque Mr Pinchot est aussi une petite épicerie fine, on en profite au passage pour faire des provisions de fromages québécois et européens, de charcuteries, de confitures, de café, et de glaces ou de sorbets du glacier montréalais Bilboquet.

Pourquoi on aime ?

Parce que c'est un endroit charmant et sans prétention. Et parce que, située aux abords de la piste cyclable, cette boulangerie-pâtisserie constitue un passage obligé pour qui prévoit un pique-nique au parc La Fontaine.

❂

Plateau-Mont-Royal | 4354, rue de Brébeuf
514-522-7192

Épices Anatol

*Vous voulez vous lancer dans une recette de tajine qui
nécessite du ras-el-hanout ? Vous désirez préparer un dessert
qui contient de l'agar-agar et des fèves tonka ? Pas de panique.
Jimmy, des Épices Anatol, a tout ce qu'il vous faut.*

É pices Anatol, c'est plus de 3000 produits en vrac venus des quatre coins du monde : épices, herbes et fruits séchés, noix, graines, légumineuses, pâtes alimentaires, céréales, bonbons, cafés, thés... La liste est longue et la variété, impressionnante. Rien que pour les noix, on compte 100 sortes différentes – nature, salées, grillées, mélangées, assaisonnées, alouette !

La boutique est aujourd'hui administrée par Jimmy Hatzidakis, le fils du fondateur qui a ouvert son tout premier commerce d'épices en 1957. À l'époque, seulement 30 épices y étaient vendues. Avec le temps, monsieur Hatzidakis a déménagé à plusieurs reprises afin d'offrir un éventail de produits toujours plus élaboré. C'est en 1975 qu'il s'est installé définitivement dans la Petite Italie.

Qui dit Épices Anatol dit aussi bas prix. Détaillant mais aussi grossiste, le commerçant achète en quantités énormes, ce qui lui permet de bien négocier ses prix. Par exemple, on peut se procurer un bon nombre d'épices et de fines herbes en petit sac pour seulement 1 $. Et on est encore étonné du prix des gousses de vanille de Madagascar, vendues trois fois moins cher qu'ailleurs.

Par ailleurs, ce qu'il y a de bien dans le vrac, c'est de pouvoir acheter la quantité dont on a réellement besoin. Pas de gaspillage. Fini les épices qui s'étiolent au fond des armoires pendant des années.

Pourquoi on aime ?

Parce que l'on trouve de tout dans cette boutique. Vous voulez piéger Jimmy en lui demandant des produits peu courants – racine de pivoine, crème de tartre, acini di pepe, pensées sauvages, safran iranien, pectine ? Meilleure chance la prochaine fois. Il a tout ça !

La Petite-Patrie | 6822, boulevard Saint-Laurent
514-276-0107

74.EUCALYPTUS FEUILLES
EUCALYPTUS LEAVES
FAVORISÉ LES MALADES PULMONAIRE
GORGES.

75.EUPATOIRE HERBE COUPE
WATERCHEMP HERB CUT

76.FRAISIER FEUILLES COUPE
STRAWBERRY LEAF CUT
AIDE A L'ARTHRITE LEGER
FAVORISÉ L'APPETIT.

77.FRAMBOISIER FEUILLES
RASPBERRY LEAF CUT
FAVORISÉ LA STIMULATION DE L'UTÉRUS,
SI GROSSESSE PETITE DOSE.

78.FRENE FEUILL
ASH LEAF CUT

79.FUM
FUMI

58.CITRON ECORCE GRANULE
LEMON PEEL GRANULE

59.CITRONELL
LEMON GRA
AIDE AUX INFLAMATI

56.CHICOREE RACINE COUPEE
CHICKORY ROOT CUT
AIDE A L'ELIMINATION.

57.CHIENDENT RACINE COUPE
DOGGRASS ROOT CUT
AIDE A L'ELIMINATION.

35.BOURSE A PASTEUR HERBE
SHEPHARDS PURSE CUT
AIDE A LA VESSIE ET AUX INFLAMMATIONS

36.BRUYERE HERBE COUPEE
BROOM HEATHER HERB CUT

37.BUCHU FEUILLE
BUCHU LEAF

38.BUIS F
BOXTR
FAVORISÉ L'U
(SORINSI

Maison du ravioli

Luigi nous accueille à bras ouverts et nous fait visiter son commerce, un labyrinthe où s'entassent meules de parmesan, immenses sacs de farine et larges congélateurs. En constatant la propreté des lieux, jamais on ne se douterait qu'on confectionne ici près d'une tonne de pâtes fraîches par jour.

Pour Luigi et sa famille, cette entreprise, c'est toute leur vie. Fier, il affirme que la Maison du ravioli a été le premier fabricant de pâtes fraîches sur l'île. Ouvert par son père et son oncle en 1975, le commerce, qu'il gère aujourd'hui avec sa mère et sa tante, est le fournisseur de pâtes de plus de 280 restaurants.

Au comptoir, la variété est impressionnante : spaghetti, rigatoni, tagliatelle, farfalle, ainsi qu'une multitude de pâtes farcies. Outre les plus traditionnels tortellinis au fromage ou à la viande, on craque pour les raviolis à la courge, aux champignons, ou encore au homard, en saison. On y trouve également des spaghettis au vin rouge, uniques, délicieux en sauce tomate ou nappés d'une sauce crémeuse aux champignons.

Les incomparables cannellonis alla fiorentina, farcis au veau de lait et au parmesan, sont roulés à la main dans la plus pure tradition italienne. Même chose pour les minuscules boulettes de veau, qui viennent agrémenter la sublime lasagne. Un travail de moine qui confère à ces mets toute leur noblesse.

Les produits de la Maison du ravioli se démarquent par leur fraîcheur et leur qualité exceptionnelle. Voici une adresse à ajouter *subito* dans nos incontournables pour les courses hebdomadaires.

Pourquoi on aime ?

Pour la lasagne aux boulettes de veau. Divine. Et pour les pâtes farcies à la courge, qu'on fait revenir dans un peu de beurre et de sauge. On les sert en entrée pour conquérir instantanément nos invités.

Saint-Michel | 2479, avenue Charland
514-381-2481 | maisonravioli.ca

De l'énergie à revendre

La mère de Luigi, Vittoria, et sa tante Gina sont respectivement âgées de 80 et 77 ans. Malgré leur âge respectable, elles sont au travail six jours sur sept, infatigables, à préparer les pâtes et les sauces. Deux femmes inspirantes pour qui le travail n'est pas une corvée. Quand on aime son métier, on ne compte plus les heures... ni les années !

Talay Thaï

*Il y a un je-ne-sais-quoi dans les mets thaïlandais.
Un goût de bout du monde, un parfum d'inconnu
que confèrent aux plats le cari et le lait de coco.
Ces saveurs exotiques, on les retrouve
abondamment dans la cuisine de Talay Thaï.*

Dans un des quartiers les plus populeux et multiethniques de la ville s'alignent des dizaines de restaurants. Parmi eux, un resto familial et abordable se démarque : le Talay Thaï, littéralement « la rivière thaïlandaise », qui attire des hordes d'étudiants et de professionnels.

Le menu est tout sauf ennuyeux. La soupe tom yum aux crevettes est particulièrement succulente. Les arômes de citronnelle, de lime et de coriandre qui en émanent nous rendent complètement gagas. Quant à la salade de mangue, elle est à la fois fraîche et piquante. La douceur de la mangue, le salé de la sauce de poisson et l'épicé de petits piments rouges... Mmm... Toutes les promesses de la cuisine thaïlandaise contenues dans un même plat !

On y revient toujours pour le pad thaï, le plat le plus populaire de la maison, et pour le panang nuer, des tranches de bœuf au cari rouge et au lait de coco, rehaussées d'une savoureuse sauce aux arachides. Le goûteux poulet au cari vert est d'une simplicité désarmante et son parfum frais est merveilleusement rehaussé de feuilles de basilic et de pousses de bambou.

Tous ces plats ensoleilleront vos journées automnales pluvieuses.

Pourquoi on aime ?

Parce qu'ici, tout est plein de saveurs et parfumé. Et parce que l'on y trouve du riz collant, aussi appelé « riz gluant », que l'on façonne avec les doigts en petites boules et que l'on trempe dans les sauces exquises.

Côte-des-Neiges | *5697, chemin de la Côte-des-Neiges*
514-739-2999 | *$*

Tourtière Australienne

*C'est le seul commerce du genre dans tout l'est du Canada.
Avant son ouverture en 2010, il fallait se rendre à Calgary ou
à New York pour déguster les tourtes à la viande devenues un
mets traditionnel du grand pays de l'hémisphère Sud.*

À la fois comptoir pour emporter, boutique et petit restaurant, cette adresse propose un menu réconfort australien, composé d'une variété de tourtières à la viande ou végétariennes, de feuilletés à la saucisse et de desserts presque inconnus de ce côté-ci de la planète.

Les tourtières vendues ici sont une version modernisée et améliorée de ce que l'on trouve en Australie. Don Hudson, chef et copropriétaire, a travaillé des mois durant à l'élaboration d'une pâte parfaitement feuilletée : la plus légère et croustillante possible, et supportant bien la congélation. Mission accomplie. Savoureuse, au bon goût de beurre, sa pâte est faite à la main suivant un long processus de roulage, de pliage et de repos qui s'étend sur deux jours. La texture ainsi obtenue est tout simplement impeccable.

Au menu, une vingtaine de tourtes, des plus classiques (bifteck et champignons, bœuf haché et fromage cheddar) aux plus originales (poulet au beurre, agneau roganjosh, cari de légumes aux patates douces). Offertes en formats individuel, familial ou en petites bouchées, on les achète fraîches ou congelées, on les déguste chez soi ou sur place, dans la petite salle à manger ou sur la terrasse.

Ceux qui ont la dent sucrée ne seront pas en reste avec les boules au rhum, la bagatelle au sherry et le pavlova, un dessert à la meringue très populaire en Australie. Pour se désaltérer, on s'offre un lemon lime bitter, un mélange d'Angostura bitter, de boisson gazeuse et de concentré de lime. Rafraîchissant.

Les habitués surnomment le restaurant « Ta », un acronyme de Tourtière Australienne, mais aussi un mot argotique qui veut dire « merci » dans plusieurs pays du Commonwealth. Le ventre plein, on sort en saluant les propriétaires d'un « ta ! » bien mérité.

Pourquoi on aime ?

Pour le réconfort des tourtières, pour la finesse de la pâte et pour l'originalité des garnitures, tout aussi savoureuses les unes que les autres.

*Mile End | 4520, avenue du Parc
514-277-7437 | ta-pies.com | $*

ÉPINARDS, RICOTTA, TOMATES
RÔTIES ET CHAMPIGNONS

SPINACH, RICOTTA, ROASTED
TOMATO AND MUSHROOM

$5

CLASSIQUE AU BOEUF HACHÉ
ET FROMAGE CHEDDAR

CLASSIC BEEF PIE AND CHEESE

$5.25

Cari vert au
& Tofu Thai
5$

(Thai tofu green curr

Pavlova
$3.60

$1.50
Biscuit
ANZAC

ER CHICKEN | BIFTECK ET ROGNONS / *STEAK AND KIDNEY* | CHILLI CON CARNE / *CHILLI CON CARNE* | CLASSIQUE AU BŒ / *CLASSIC BEE*
5.50$ | .5.⁰⁰ $ | 5.⁹

Partir au bout du monde

Les amours de voyage ne sont pas toujours éphémères. Parlez-en aux propriétaires Mélanie Des Lauriers et Don Hudson : rencontre à Prague en 1997 ; mariage québéco-néozélandais quelques années plus tard ; vie commune en Australie, loin du froid auquel Don est allergique... Au bout de dix ans, il aura fallu un sérieux mal du pays chez Mélanie pour que l'amour, toujours, conduise le couple à Montréal.

Quelques mois après leur arrivée au pays, le hasard amène Don à préparer des tourtières pour un souper-bénéfice auquel sont conviés plusieurs Australiens. Ils adorent aussitôt sa version, plus raffinée et moderne que les *pies* traditionnelles de leur pays. Le mot se passe dans la petite communauté australienne de la métropole et les commandes commencent à affluer, parfois par dizaines. Le couple se lance en affaires et cuisine désormais de 800 à 1000 tourtes par semaine.

Café Rustic Rosemont

C'est d'abord l'odeur qui nous attire. Des arômes de piment et de charbon de bois. Mais avec ce nom, est-ce un café ou un resto ? Une fois à l'intérieur, on comprend que c'est un peu les deux. C'est la Jamaïque qui nous reçoit, avec son poulet jerk, son café et son attitude relaxe.

L a devise du pays est inscrite au tableau noir : « Issu de la diversité, un seul peuple. » Le décor sans chichi et la musique reggae nous inspirent les vacances. Des livres laissés çà et là poussent à la détente. On ne vient pas au Rustic pressé et stressé. Quoique ce pourrait être une bonne idée : on en ressortirait assurément plus détendu.

On y passe à toute heure du jour pour boire ou acheter du café. Le propriétaire, Steve St-Louis, est importateur depuis une dizaine d'années. Au fil de ses allers-retours dans les Antilles, il a développé des liens avec des producteurs là-bas, et transige dorénavant directement avec eux.

Cette odeur, initiatrice de la rencontre, nous plaît et même nous envoûte. On veut absolument goûter. La voilà, l'assiette remplie de soleil : un quart de poulet jerk, avec riz, salade et banane plantain. La saveur de ce poulet nous ravit par son goût de fumé et sa marinade piquante, composée entre autres de piment, d'ail et de muscade. On se lèche frénétiquement les doigts.

Puisque l'endroit se situe à mi-chemin entre un café et un restaurant, le menu est resté tout simple. Le propriétaire prépare trois classiques de la cuisine jamaïcaine : le poulet jerk, le cari de chèvre et le poisson grillé. Trois plats savoureux qui rappellent les influences indiennes, européennes et africaines de la gastronomie du pays.

Pourquoi on aime ?

Pour l'ambiance accueillante et décontractée. Pour le cari de chèvre, goûteux et piquant. Et parce que l'on adore ce poulet, grillé tout doucement, pour ses sublimes saveurs de piment et de charbon de bois.

La Petite-Patrie | 1211, boulevard Rosemont
514-507-9779 | cafe-rustic.com | $

Le trait d'union

À première vue, avec les drapeaux qui décorent son restaurant, on pourrait croire que le propriétaire Steve St-Louis est jamaïcain. On peut dire qu'il l'est... à demi. Ses frères et lui ont été adoptés par une famille québécoise et ont grandi en Montérégie. À 25 ans, il se rend en Jamaïque pour rencontrer sa famille biologique. C'est à la fois une révélation et un choc, mais surtout le premier d'une longue série de voyages dans ce pays, qu'il arpentera par la suite de long en large. C'est d'ailleurs là-bas, avec sa grand-mère, qu'il s'initie à la cuisine jamaïcaine, à ses recettes et techniques.

À Montréal, Steve tenait à rassembler en un seul lieu les deux univers qui l'ont façonné, en ouvrant son restaurant dans un quartier francophone, semblable à celui dans lequel il a grandi, et en y servant des plats qui témoignent de son héritage antillais. Il unissait ainsi ses deux mondes bien différents. Et lui devenait le trait d'union.

ZOLA

L'assommoir

Le petit coin du Mexique

Des banquettes bleues, des murs jaunes et rouges,
une déco mexicaine tout aussi colorée... Assurément, ce restaurant
familial du quartier Villeray, tenu par la famille Juarez avec
maman Guadalupe aux fourneaux, respire la bonne humeur.

Le « petit » coin du Mexique. Étrange nom pour un si vaste restaurant. Il faut savoir qu'avant, le resto se situait juste en face dans un minuscule sous-sol. En 2007, la famille Juarez, propriétaire depuis le tout début, a opté pour un plus grand espace et a préféré conserver le nom. Après tout, pourquoi changer le nom d'un resto ouvert depuis plus de 15 ans et bien connu dans le quartier ?

Dès notre arrivée, on commande la simplissime et sublime soupe aux tortillas, une base de tomates, ail et oignons bien équilibrée dans laquelle sont ajoutés des lanières de tortillas frites, de la crème sure et du queso añejo, qui signifie fromage ancien, souvent utilisé dans la cuisine mexicaine. Ou encore, on prend les sopes, de petites tartelettes de farine de maïs faites maison, garnies de frijoles, une purée de fèves noires. Les meilleurs plats sont souvent les plus simples.

Un des plats vedettes de cet établissement est sans contredit les tacos al pastor. La viande de porc est marinée et grillée à la verticale sur une broche à la façon d'un kebab, puis émincée. On la sert sur de petites tortillas de maïs, garnie de morceaux d'ananas et de feuilles de coriandre. C'est aigre-doux, légèrement piquant, et merveilleusement savoureux. Les couleurs sont terriblement appétissantes !

Juste derrière la caisse se trouve un petit espace boutique, des étalages de produits mexicains importés par la famille. Parmi ceux-ci, de nombreuses friandises typiques du pays. Subito, on retrouve notre cœur d'enfant et on ne peut résister de rapporter ces petits rayons de soleil à la maison.

Pourquoi on aime ?

Pour la soupe aux tortillas et les tacos al pastor, inégalés en ville. Pour l'atmosphère réconfortante et familiale qui y règne.

Villeray | 2474, rue Jean-Talon Est
514-374-7448 | $$

Café Névé

Avant de trouver sa voie, le propriétaire, Luke Spicer, a exercé une panoplie de métiers. Il a été serveur, chef et même courrier à vélo. Il est désormais l'un des baristas les plus respectés de Montréal.

En 2009, avec très peu de moyens, Luke décide d'ouvrir un café, qu'il baptise « névé », *neige éternelle*. Débrouillard, il rénove en réutilisant la plupart des matériaux trouvés sur place et décore entièrement avec des composantes recyclées. Tout avance assez bien jusqu'à ce qu'il commence à manquer de fonds… et qu'il réalise que les lieux sont mal desservis en électricité. Tellement mal qu'il ne pourra utiliser ni le four ni la machine à espresso. Abandonner ? Non. Qu'à cela ne tienne, durant les trois premiers mois de son existence, Café Névé ne sert que du café… filtre. Quand on connaît le talent de Luke, on n'a pas de mal à imaginer que c'était assurément le meilleur filtre sur l'île.

Les choses ont bien changé depuis. Son troquet est aujourd'hui à son image : cool, urbain et branché. Réputé pour l'excellence de son café, l'endroit se spécialise aussi dans le « latte art », ces motifs exécutés sur la mousse du café au lait. Les fleurs et les cœurs sont courants, mais, quelquefois, la complexité atteint un autre niveau avec un chat, un lion ou même un dragon. De véritables petites œuvres d'art éphémères.

Café Névé, c'est aussi de généreux sandwichs préparés quotidiennement, comme le succulent sandwich au poulet mariné à la jamaïcaine, avec carottes râpées et aïoli à la cajun. Ou les délicieuses et étonnantes salades, comme celle aux pêches grillées, au fromage de chèvre et à la roquette. Les petites gâteries maison, dont le gigantesque biscuit aux brisures de chocolat, à peine sorties du four, ont ce pouvoir de vous faire reléguer aux oubliettes votre régime minceur.

Pourquoi on aime ?

Parce qu'il y règne une atmosphère de convivialité et une ambiance bohème. On aime envahir la place pour discuter, travailler, refaire le monde et… boire un café irréprochable.

◉

Plateau-Mont-Royal | 151, rue Rachel Est
514-903-9294 | cafeneve.com | $

Pushap

*Dans ce boui-boui indien, il n'y a ni pain naan ni poulet au beurre.
Sacrilège ? Absolument pas ! On s'y rend pour apprécier une cuisine
végétarienne exceptionnelle qui vaut amplement le détour.*

Chez Pushap, la spécialité, c'est le thali – assiette, en hindi –, un plateau compartimenté dans lequel on dépose trois variétés de caris, du riz, de la salade et un pain. C'est comme un petit buffet, juste pour soi. On a dévoré le cari de lentilles, superbement parfumé et parfaitement relevé ; le mattar paneer, un mélange de petits pois et d'un fromage maison dont la texture est inouïe ; et l'alu-sabji, un cari de pommes de terre dans une sublime sauce aux tomates et au cumin absolument impeccable.

Pour accompagner le tout, rien de mieux qu'un bhatura, un pain frit, moins dense et moins sucré que le traditionnel naan. Lors de la friture, le pain se gonfle comme un ballon, puis nous est servi tel quel, bien rond. L'extérieur est légèrement doré et croustillant, alors que l'intérieur reste bien moelleux.

Les portions sont raisonnables, ce qui nous laisse un peu de place pour le dessert. Tant mieux, parce que Pushap, c'est aussi une pâtisserie indienne. Près de 20 douceurs sont présentées dans le comptoir vitré. Coup de cœur pour le cham-cham, une pâte de fromage enrobée de noix de coco, et pour le gulab jaman, une petite boule frite humectée d'un sirop de sucre à la cardamome.

Comme dans tout bon boui-boui qui se respecte, le décor n'est pas particulièrement enchanteur. Le propriétaire a tout de même essayé de rendre la pièce plus agréable en y suspendant des lumières de Noël (qui restent accrochées à l'année), en y installant des fleurs de plastique et en plaçant plusieurs tableaux aux murs. Et vous savez quoi ? Ça en devient sympathique. On lui donne quelques points pour l'effort.

Pourquoi on aime ?

Parce que le prix est ridiculement bas. Un thali du jour, avec dessert et thé chaï, vous coûtera moins de 10 $... taxes incluses ! Et parce que notre thali est à peine englouti qu'on rêve déjà à la prochaine visite.

*Côte-des-Neiges | 5195, rue Paré
514-737-4527 | $*

RESTAURANT

Qing Hua

Dans la vitrine de chez Qing Hua, on peut lire que les raviolis sont « juteux ». Oui, le terme peut surprendre. Et pour ne pas s'y perdre, on suit le mode d'emploi.

On vous fait une traduction libre de ce qui est rédigé en anglais au menu : « Pour bien savourer, croquez un petit trou dans le dumpling pour en boire la soupe, puis mangez-le. » Pour notre part, on préfère n'en faire qu'à notre tête et le manger tout entier, d'un seul coup. Alors là, attention : ça explose en bouche. La soupe fuit, ça coule, on en a plein le menton... On vous l'accorde, ce n'est pas très élégant, mais bon sang que c'est bon !

À la vapeur ou poêlés, tous les raviolis sont préparés à la main, sur commande. La texture de la pâte est impeccable, la garniture est exquise et généreuse, et le bouillon, renversant. Un simple détail, l'ajout d'un liquide dans un ravioli ? Détrompez-vous : ce « détail » transforme l'expérience et donne à chaque bouchée une texture et une tendreté remarquables.

Plus de 30 choix de raviolis rivalisent d'attraits : agneau et coriandre, porc et calmar, bœuf et oignon, poireau aux œufs et crevettes... Le choix est tellement vaste qu'il est impossible de goûter à tout en une seule visite. Heureusement, on peut combiner deux saveurs dans une même portion, et on se fait une mini-dégustation.

Pourquoi on aime ?

Parce que ce sont de véritables raviolis « réconfort » qu'on enfile à la quinzaine par une froide soirée d'automne. Et pour les raviolis à l'agneau et à la coriandre, tout en nuances.

❀

Centre-ville | 1676, avenue Lincoln
438-288-5366 | $

Les 3 petits bouchons

S'il y a une chose que les propriétaires de ce restaurant ont bien comprise, c'est la notion de plaisir. Avouons-le, chaque soirée passée ici a de quoi ravir complètement les disciples d'Épicure. La recette gagnante de ce bar à vins du Plateau-Mont-Royal ? Trois petits bouchons !

D'abord, il y a le chef Audrey Dufresne, jeune prodige aux fourneaux dont le talent et la créativité ne sont pas passés inaperçus depuis l'ouverture du restaurant, en 2006.

Sa pieuvre grillée, légèrement glacée au paprika et au miel, est d'une tendreté exceptionnelle. Et que dire de ses savoureuses tartines de champignons, poêlés et aromatisés à l'huile de truffe ! C'est simple, mais renversant à chaque bouchée. Tout comme les pétoncles princesse, qu'elle nous sert crus et agrémentés d'une brunoise de concombre et de fins morceaux de fraise ou de pomme, selon la saison. Son ris de veau général Tao ? Il fond littéralement dans la bouche et mérite qu'on le déclare sans hésiter « meilleur ris de veau en ville ». Honnêtement, si ce n'était pas complètement déplacé, on se roulerait par terre.

Il y a ensuite les deux autres «bouchons», les sommeliers Michel Charette et Xavier Burini. Deux passionnés qui ont été des précurseurs dans la mise en valeur des vins naturels à Montréal. Des vins qui, en plus d'être biologiques, ne sont pas additionnés de produits chimiques lors de la vinification. Et comme cet établissement peut se vanter d'avoir une carte composée à 99 % d'importations privées, il y a franchement de quoi lui lever notre verre.

Les accords parfaits entre les petits chefs-d'œuvre de la cuisine et les grands trésors de la cave sont assurés par un service on ne peut plus personnalisé. Ici, on prend le temps de raconter la petite histoire d'un vignoble et de décrire en détail la composition de chaque plat. Vous l'aurez compris, la passion est palpable et particulièrement contagieuse.

Pourquoi on aime ?

Parce que la cuisine d'Audrey Dufresne est splendide, harmonieuse et que la présentation des plats est recherchée. Et parce que les sommeliers n'hésitent pas à nous proposer des vins différents qui nous sortent de notre zone de confort.

*Plateau-Mont-Royal | 4669, rue Saint-Denis
514-285-4444 | lestroispetitsbouchons.com | $$$*

Petit Alep

Avec ses plats immensément savoureux à prix raisonnables et son ambiance décontractée, ce restaurant est considéré par plusieurs comme le meilleur rapport qualité-prix en ville. Avec raison.

Petit frère du restaurant Alep, ouvert il y a plus de 35 ans et situé juste à côté, le Petit Alep en est la version bistro, plus accessible. On y sert une cuisine syrienne délicieuse et remplie d'exotisme.

Situé à deux pas du marché Jean-Talon dans un quartier typiquement italien, le Petit Alep offre un menu dépaysant avec ses grillades, ses sandwichs, ses salades et ses petits plats de type tapas (appelés *mazza* en Syrie) : hommos, mouhamara, moussaka, labneh, poulet tarator et feuilles de vigne, pour ne nommer que ceux-là.

L'agneau braisé, désossé, dégraissé, servi avec des amandes et des noix de pin, est absolument divin. Et que dire du chiche kabab terbialy, une brochette de filet mignon présentée dans un pain pita grillé, recouvert de cette fameuse sauce terbialy dont seule la famille connaît le secret. C'est une assiette colorée qui explose de saveurs et rendra accro tout amateur d'ail et de plats relevés.

Au dessert, baklawa et autres délices moyen-orientaux nous ravissent, comme les atayef, de petites crêpes frites farcies de noix ou de crème, ou le méhalabié, un pudding au lait, à l'eau de rose et à la fleur d'oranger, saupoudré de cannelle et de pistache. Pour faire durer le plaisir, on accompagne le tout d'un thé à la menthe ou à la cardamome.

Allez-y le midi ou arrivez tôt puisque la place est toujours bondée. Vous comprendrez pourquoi à votre première bouchée.

Pourquoi on aime ?

Pour l'agneau, le chiche kabab terbialy, la mouhamara, le poulet tarator, la moussaka... Le menu entier mérite d'être énuméré ! Pour la cuisson toujours parfaite de la viande et les portions raisonnables. Parce que, selon nous, ce resto est tellement bon qu'il mérite son propre verbe. On alep ?

Villeray | 191, rue Jean-Talon Est
514-270-9361 | $$

Les Frangié d'Alep

La famille Frangié quitte la Syrie dans les années 1970 pour s'établir à Montréal après un court séjour au Liban.

Quand Georges décide d'ouvrir un restaurant dans sa ville d'accueil, Jacqueline, son épouse, préfère rester auprès des enfants. Quatre ans plus tard, la vie en décide autrement : son mari tombe malade et elle n'a d'autre choix que de s'impliquer en cuisine.

Trois décennies plus tard, elle y est toujours. Son mari y était aussi tous les jours, jusqu'à son décès en 2005. Maintenant, c'est au tour de leurs deux filles, Chahla et Tania, d'aider en cuisine et dans la gestion quotidienne du restaurant.

Hiver

◉

Il y a la magie de l'hiver. Les premiers flocons. Le silence sourd des nuits de tempête. Les rues illuminées du temps des fêtes. Le son unique des pas sur la neige fraîche. Il y a aussi les festivals hivernaux et les activités vivifiantes tout imprégnées d'enfance, comme le patin et la glissade. Mais surtout, il y a ces froides soirées où l'on se réunit entre amis pour partager un repas chaud et réconfortant.

LES
CHOCOLATS
DE CHLOE

546, rue Duluth est Montréal Québec H2L 1A9   514 849-5550

www.lechocolatdechloe.com

CARAM

Les Chocolats de Chloé

C'est parfois dans la simplicité que se cachent les produits les plus remarquables. Les Chocolats de Chloé en sont un bel exemple.

Chloé Gervais-Fredette n'avait pas 30 ans lorsqu'elle a décidé d'ouvrir sa propre boutique de chocolat, au cœur du Plateau-Mont-Royal. Un concept tout simple : un charmant petit local, des produits de qualité, une image de marque singulière et ludique.

Presque 10 ans se sont écoulés depuis et Les Chocolats de Chloé ne cessent de gagner en popularité. Au point que l'atelier peut compter jusqu'à sept employés lors de fêtes comme Pâques, Noël ou la Saint-Valentin.

Chaque jour, Chloé confectionne de merveilleuses petites ganaches, qu'elle trempe à la main dans un chocolat de grande qualité. Les parfums sont alléchants et savoureux : figues et vinaigre balsamique, cardamome, basilic, vieux rhum et raisin, poivre de Sichuan...

Sa boutique se distingue également par ses bonbons chocolatés, qui revisitent certains classiques de notre enfance : les tortelines (pacane, caramel et chocolat), les Monsieur Croquant (tire-éponge maison et chocolat noir) et les guimauves maison à la vanille fraîche, elles aussi enrobées de chocolat noir.

Mais c'est le caramel qui nous fait chavirer. Crémeux, vanillé à souhait, ce caramel est si populaire qu'aux fêtes, les gens font la file pour se le procurer. Il est même préférable de le réserver puisque les stocks s'envolent souvent avant la fin de la journée.

La cuisine de Chloé étant petite, sa production l'est aussi. Et c'est justement en partie pour ça que cette adresse nous plaît tant.

Pourquoi on aime ?

Pour le caramel au beurre salé et à la vanille fraîche. Tellement bon qu'on le mange à la cuillère. L'étendre sur du pain, aussi bon soit-il, est presque un sacrilège.

Plateau-Mont-Royal | 546, avenue Duluth Est
514-849-5550 | leschocolatsdechloe.com

Un sacré
coup de main

Quelques années après avoir terminé ses études en pâtisserie, Chloé déniche un emploi chez Olive + Gourmando, dans le Vieux-Montréal. Au fil du temps, elle confie à ses patrons son désir d'ouvrir sa propre chocolaterie.

Leur réaction ? Un cadeau inespéré : la possibilité d'utiliser leur cuisine pour confectionner ses petits délices, la chance de tester ses produits dans leur restaurant avant de se lancer en affaires et même de récupérer les profits de la vente comme fond de démarrage pour son entreprise.

Les Chocolats de Chloé connaissent rapidement le succès dans le café de la rue Saint-Paul. On connaît la suite de l'histoire.

Delisnowdon

Répétez après nous : « Un sandwich à la viande fumée
Old Fashionned, des frites maison, un cornichon à l'aneth et un coke
aux cerises. S'il vous plaît ! » Avec ça, impossible de vous tromper.
Vous aurez droit à un festin des plus typiques.

Delisnowdon est un petit joyau de l'ouest de la ville. Un incontournable du smoked meat. Ouvert en 1946 par Abe et Joe Morantz, ce deli de quartier est toujours resté une affaire de famille. D'ailleurs, une troisième génération de Morantz y travaille aujourd'hui.

C'est dans un décor un brin rétro, aux banquettes et aux murs roses, qu'on s'attaque aux généreux sandwichs à la viande fumée. Tout en souplesse, pas sèche pour deux sous, la viande est si tendre qu'elle fond littéralement dans la bouche. Le pain de seigle au levain est plus moelleux qu'à l'habitude pour ce type de sandwich, ce qui nous fait dire que sa fraîcheur est indubitable. Et puis, il y a ce petit goût de poivre et d'épices qui reste en bouche après la première bouchée... Magistral !

Au menu, on trouve également plusieurs autres grands classiques de la cuisine juive. Comme la soupe au poulet avec matzoball, une grosse boule de pâte faite de chapelure et d'œufs. Étrange et attirante à la fois, cette soupe est probablement ce qui correspond le mieux à l'expression anglaise « *comfort food* ». On y va aussi pour le « *chopped liver* », le foie haché, inégalé en ville, qu'on nous offre en entrée avec salade et oignons frits ou en sandwich. On vous l'accorde, le nom français, traduit littéralement, n'est pas des plus appétissants, alors on l'a rebaptisé le « succulent pâté de foie ». Au dessert, on choisit sans hésiter le traditionnel strudel aux pommes et aux cerises, savamment parfumé de cannelle.

Certains clients du Delisnowdon y viennent régulièrement depuis les débuts, il y a plus de 60 ans. Ce genre de fidélité, c'est encore le meilleur gage de qualité qu'un restaurant puisse afficher, vous ne trouvez pas ?

Pourquoi on aime ?

Parce que, dès la première visite, on tombe amoureux de ce *delicatessen* et de son service amical. Mais surtout parce que le smoked meat sensationnel que l'on y sert vaut largement le voyage en métro jusqu'au bout de la ligne bleue.

Côte-des-Neiges | 5265, boulevard Décarie
514-488-9129 | snowdondeli.com | $

Caffè mille gusti

S'il ignore votre prénom, Joe, le propriétaire, vous appellera simplement bella ou bello. Et il saura après quelques visites ce que vous avez l'habitude de commander.

Ce sont de petites attentions comme celles-là qui ont permis à cet agréable café de devenir tranquillement un incontournable du quartier.

Au cœur de La Petite-Patrie, ce tout petit troquet d'une vingtaine de places nous offre une atmosphère accueillante où la douce odeur du café est envoûtante. On y vient pour discuter ou pour flâner, des fois pendant des heures, avec un livre ou un ordinateur.

Derrière le comptoir, Joe Scalia, le jeune patron, arbore une énergie contagieuse. Et, surtout, il a le souci de toujours bien servir sa clientèle. Il ira lui-même ouvrir la porte à tous ces jeunes parents en congé, avec leur poussette, qui fréquentent son café les jours de semaine. Joe adore les enfants. Les jeunes familles et leur progéniture sont donc toujours les bienvenues.

On y va pour déjeuner, pour le lunch ou pour une fringale d'après-midi. Les paninis sont généreux et composés d'ingrédients frais typiquement italiens (prosciutto di Parma, bocconcini, pesto d'artichauts, salami calabrese, etc.). Joe concocte aussi un savoureux pesto épicé, le « mille gusti », fait de légumes marinés et de piments. Ce condiment est devenu tellement populaire que l'on peut désormais en acheter sur place. Il deviendra rapidement un indispensable dans votre cuisine.

Et le café dans tout ça ? Toujours bon. Bien équilibré. Comment pourrait-il en être autrement quand on y met autant de passion ?

Pourquoi on aime ?

Pour l'ambiance décontractée, pour l'accueil personnalisé du propriétaire et pour le café bien corsé.

La Petite-Patrie | 1038, rue Saint-Zotique Est
514-278-3696 | caffemillegusti.com | $

Un petit bijou
pour le quartier

Joe a pris un pari en installant son café rue Saint-Zotique, à l'angle de Christophe-Colomb. La rue n'est pas des plus passantes et de nombreux locaux aux alentours étaient alors vacants. Mais le local, qui a été occupé pendant un demi-siècle par un cordonnier, lui plaisait beaucoup.

Il lui aura fallu des mois pour le rénover dignement, en préservant ou en restaurant plusieurs éléments architecturaux.

Et dans un touchant hommage au passé, Joe a accroché, bien en vue dans son café, une belle photo noir et blanc du cordonnier.

amore
huile d'olive extra vierge
pesto d'artichauts
tomates & laitue
mayonnaise
thon   7.00$

La Baie des Fromages

Oui, le paradis existe... Il est à deux pas du métro Fabre.
Aussitôt que l'on ouvre sa porte, on se retrouve illico en Italie.
Et ça ne nous a même pas coûté un sou. Du moins, pas encore...

Les Italiens du quartier l'appellent *La Baia dei Formaggi*. À l'intérieur, des centaines de produits fins importés d'Europe, d'Italie pour la majorité. Pâtes de toutes les formes et de toutes les couleurs, prosciuttos, olives et leurs huiles, cafés, vinaigres balsamiques, pestos, mozzarella di bufala, panettones... tout pour combler l'épicurien en nous. Lorsqu'un étalage ravit à ce point les yeux, le ventre ne peut qu'y trouver son compte.

Mais d'abord, on y va pour les fromages : plus de 300 sortes provenant des quatre coins du monde nous font de l'œil derrière le comptoir. Les meules de parmesan, posées sur des étagères de bois, et les gigantesques provolones en forme de poire, accrochés au plafond, contribuent pour beaucoup au charme des lieux.

C'est là que l'on peut trouver le plus grand choix de fromages italiens à Montréal. Les propriétaires sont aussi les seuls à offrir un parmigiano reggiano vieilli 36 mois. Goût prononcé, texture cristallisée... Une merveille qui fond littéralement dans la bouche.

Les charcuteries ne sont pas en reste. On peut y acheter la mortadelle de Bologne, la plus grande des mortadelles, et le prosciutto San Daniele, un des jambons secs les plus renommés d'Italie.

Si ce voyage en Italie n'a rien coûté à l'aller, il en va autrement au retour. La tentation est si forte et les produits sont si irrésistibles que l'on succombe chaque fois. Et pourquoi pas ? *La vita è bella.*

Pourquoi on aime ?

Pour le choix exceptionnel de fromages italiens. Pour le parmigiano reggiano vieilli 36 mois. Parce que le charme opère dès que l'on y met les pieds.

Villeray | 1715, rue Jean-Talon Est
514-727-8850 | labaia.ca

PARMESAN

SOVRANO

ATE DI BUFALA

GRANA PADANO

STAGIONATO

18 MOIS

18 MESI

DOP

84/18

C SET

PANE F

PAIN

ARMIGIANO

CONSORZIO

TUTELA

REGGIANO

De père en filles

C'est d'abord la passion des fromages qui pousse Francesco Occhiuto à ouvrir son petit commerce, voilà bientôt 40 ans. Mais c'est aussi pour que les familles italiennes du quartier puissent y trouver les produits de leur terre natale.

Depuis, La Baie des Fromages a grossi et les quatre filles Occhiuto se sont jointes à leur père dans l'aventure. Chaque jour, elles dénichent et importent la crème de la crème des produits italiens, pour le plus grand plaisir de leur vaste et fidèle clientèle.

M sur Masson

*Les propriétaires ont cherché pendant plus d'un an
l'endroit idéal pour leur resto. Et c'est en plein cœur
du Vieux-Rosemont qu'ils l'ont trouvé.*

L e local ne faisait alors que 3 mètres de large et ne pouvait contenir que 22 places. Malgré tout, il était parfait. Les plafonds suspendus en cachaient de superbes d'origine, ornés de gerbes de blé. Les murs texturés, rehaussés d'abondantes garnitures de bois, conféraient au décor une touche à la fois riche et sobre.

Le succès a été instantané : 17 000 clients dans les 18 premiers mois... avec seulement 22 places, rappelons-le ! Depuis, les patrons ont agrandi les lieux à deux reprises, triplant le nombre de sièges. Mais ces mesures n'ont rien enlevé à l'ambiance : le M sur Masson demeure le parfait petit bistro de quartier.

On y sert une cuisine du marché qui donne aux produits du terroir toute la place qu'ils méritent. Au menu, des indémodables de la cuisine française – tartare, bavette, soupe à l'oignon –, alors que les plats du chef, plus originaux et créatifs, sont à l'honneur sur l'ardoise et varient en fonction des saisons. Sashimi de saumon biologique et coriandre, avec salade de jicama, jalapeño et lime, salade de calmars grillés au piment de Marash, fenouil et pêche jaune à l'huile d'orange... Il est de ces endroits où la simple lecture d'un tableau nous fait voyager.

Les propriétaires sont trop modestes pour l'avouer, mais le M sur Masson a largement contribué à la revitalisation du quartier. Il est aussi devenu le restaurant de prédilection des professionnels et des jeunes familles des alentours.

Pourquoi on aime ?

Pour la constance. À chaque visite, les plats sont délicieux, la cuisson, parfaite et la présentation, soignée. Et le tartare de bœuf est l'un des meilleurs en ville.

*Rosemont | 2876, rue Masson
514-678-2999 | msurmasson.com | $$$*

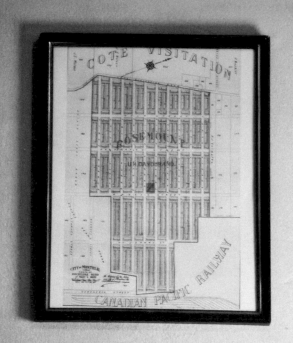

Saint-Henri micro-torréfacteur

L'ouverture de ce genre de petit café signera peut-être la fin des grandes chaînes commerciales. Pour le plus grand intérêt des consommateurs. Dans chaque tasse, la qualité et le goût sont incomparables.

Le Saint-Henri micro-torréfacteur se démarque par ses multiples façons de servir le café. En espresso, bien sûr, pour un café bien intense, préparé avec l'une des meilleures machines qui soient. Mais aussi par différentes méthodes d'extraction moins connues du grand public, comme le Chemex, qui fait ressortir toute la complexité de la boisson, ou encore l'Aeropress, qui permet d'équilibrer à la perfection corps et acidité. À chaque extraction sa torréfaction.

Mais le propriétaire Jean-François Leduc ne s'est pas contenté d'ouvrir simplement un beau petit troquet dans un quartier en pleine revitalisation. Il en a fait une microbrûlerie dont il est lui-même le torréfacteur en chef, fonction qui exige rigueur et concentration.

Des années de formation et de spécialisation lui ont permis de devenir maître dégustateur et de se positionner comme l'un des experts du café à Montréal. Chaque semaine, il torréfie de petites quantités de grains pour son commerce et quelques autres adresses de la métropole, en s'assurant de la qualité exceptionnelle du produit.

Surtout, Jean-François se rend dans les pays producteurs de café afin d'y tisser des liens directs et d'y dénicher les meilleurs lots. Pour ce grand voyageur, c'est une excellente façon de joindre l'utile à l'agréable.

Pourquoi on aime ?

Parce que tous les mercredis, on y offre des séances de dégustation gratuites pour goûter au café fraîchement torréfié. Le partage de connaissances n'a jamais eu si bon goût !

Saint-Henri | 3632, rue Notre-Dame Ouest
514-507-9696 | sainthenri.ca | $

La Guadalupe Mexicaine

C'est le genre d'endroit où il fait toujours chaud,
même lorsque le mercure indique -20 °C. On y va pour échapper,
le temps d'une soirée, à la froideur de l'hiver.

Consuelo Martinez nous accueille, avec son mari et ses trois enfants, dans son restaurant qu'elle a ouvert il y a 28 ans, avec ses 500 $ d'économies. Aux fourneaux, sa sœur Aurora prépare depuis quelque trois décennies des plats authentiquement mexicains, selon ses recettes originales.

À six, ils tiennent le restaurant comme s'ils nous recevaient chez eux.

Au menu, ceviche, chilaquiles, enchiladas, carne tampiqueña, pollo enchilado. On est à des années-lumière des fast-foods populaires. Tout est fait maison, des salsas aux frijoles, en passant par les nachos, les desserts et les sauces. D'ailleurs, la sauce à base de chocolat, servie sur une cuisse de poulet (le mole poblano), vaut à elle seule le détour. Préparée avec 30 épices différentes et une variété de 5 piments séchés, elle est riche et onctueuse, sucrée et épicée à la fois.

Dans ce restaurant, tout est authentique. Les fresques aux murs sont l'œuvre d'un ami de la famille... mexicain, bien évidemment ! Le temps aussi semble avoir été importe. Ici, on vit au rythme du Mexique. Littéralement. Le service est lent, certes, mais lorsque l'on sait que tous les plats sont préparés à la main, sur commande, on pardonne.

Pour tromper l'attente, on boit une margarita et, soudainement, les minutes qui s'envolent n'ont plus d'importance.

Pourquoi on aime ?

Parce que c'est une cuisine vraie, familiale, sans fla-fla. Et parce que l'on y sert sans conteste les meilleures margaritas en ville.

Centre-Sud | 2345, rue Ontario Est
514-523-3262 | $$

La détermination
d'une femme

Fraîchement arrivée dans ce pays où la langue et les coutumes lui sont étrangères, Consuelo Martinez réussit à dénicher un emploi... en soudure. Les conditions de travail sont dures. Elle met alors des sous de côté en rêvant à mieux.

Avec une minuscule somme d'argent en poche, elle convainc sa sœur d'ouvrir un restaurant, qu'elle baptisera en l'honneur de la Vierge de la Guadalupe. Sa première vaisselle est d'occasion. Le four et le réfrigérateur sont ceux de son propre appartement situé juste au-dessus. Tout en continuant à travailler en soudure, le midi, elle se rend au restaurant pour aider au service.

Bon an, mal an, malgré les embûches, Consuelo reste déterminée. La générosité de certains aide sa cause. Et tranquillement, son restaurant se taille une place dans le marché montréalais. Depuis, c'est un petit rayon de soleil dans un quartier de la ville qui en a toujours besoin.

RESTAURANT

Bombay Mahal

Avec sa cuisine authentique et ses plats bien relevés,
le restaurant de Prashant Daroowala, ouvert en 1998,
a su garder sa clientèle malgré la forte compétition du quartier.

Dans la rue Jean-Talon, tout au long des quelque 700 mètres qui séparent l'avenue du Parc et le boulevard de l'Acadie, les restos indiens sont légion. Malgré cela, le propriétaire du Bombay Mahal a dû tripler la superficie de son restaurant depuis son ouverture, preuve éclatante de son succès. Et il a bien remarqué l'intérêt croissant des Montréalais pour la cuisine de son pays.

Bien que le poulet au beurre emporte la faveur populaire, plusieurs autres plats valent le détour. Le channa samosa, un beignet végétarien farci de pois chiches, de tomates et de yogourt, ou encore le baingan bharta, une purée d'aubergine fumée, d'oignons, de tomates et d'épices, garnie de coriandre, remplissent toutes leurs promesses orientales. D'ailleurs, ici, tout est bon. Attention, par contre : papilles sensibles s'abstenir ! Les plats sont très bien relevés, c'est le moins qu'on puisse dire.

Apportez votre vin... ou votre bière, si vous préférez ! Il est vrai qu'avec la cuisine indienne, savoureuse et épicée, la fraîcheur d'une bonne bière est incomparable.

Pourquoi on aime ?

Parce qu'à l'heure du lunch, on peut manger un repas complet, le thali végétarien, pour... 5 $. Rares sont les endroits qui, encore aujourd'hui, servent des repas si délicieux à si bas prix.

✺

Parc-Extension | 1001, rue Jean-Talon Ouest
514-273-3331 | restaurantbombaymahal.ca | $

Le Palais des chaussons et pizzas

L'extérieur de ce commerce est d'une grande sobriété.
Vous pourriez passer devant cent fois sans le remarquer.
Pourtant, à l'intérieur se trouve la solution pratique et
économique à vos réceptions et à vos soupers improvisés.

Arrivés du Liban, les trois frères Faddoul, accompagnés de leur mère et de leur père, ouvrent en 1995 un petit comptoir boulevard Henri-Bourassa, où ils proposent à leur clientèle une sélection de plats libanais. Pour se démarquer, ils décident de les présenter en petits chaussons, des bouchées qui se mangent d'une seule main.

Ils offrent également des lahmajouns, ces minces pizzas arméniennes dont le secret de fabrication leur a été révélé plusieurs années auparavant par une famille originaire de ce pays qui les avait embauchés.

Chaque année depuis l'ouverture, la famille Faddoul crée de nouveaux produits, format « mini ». Aujourd'hui, c'est quelque 40 petites bouchées simples et originales qui sont proposées, en plus de nombreux plats prêts-à-manger. Tout est cuisiné sur place, dans ce local dont la superficie a doublé depuis l'ouverture.

Derrière les grands comptoirs, les kibbés à la viande, les chaussons au zataar, les rouleaux au fromage et les pizzas de toutes sortes rivalisent de tentation avec les feuilles de vigne, l'hummus, le babaganouge, le tabboulé, la salade fatouche et les nombreux desserts. Le choix est vaste et appétissant.

Et, petit à petit, le nom « Palais » prend tout son sens.

Pourquoi on aime ?

Pour les katayef achta, de petites crêpes farcies de crème à la fleur d'oranger, présentées en cornet, servies avec un sirop de sucre. C'est délicieux, beau, léger et fin. Tout pour épater vos invités, à prix doux.

Ahuntsic | 77, boulevard Henri-Bourassa Ouest
514-336-0838 | lepalais77.com

Zaatar grand 3 mcx. / $ 2.50
Farine, huile végétale, levure.
Thym, sucre, Sel, sésame.
Palais des chaussons et pizzas inc

Trois hommes et un commerce

Dans leur Liban natal, les trois frères Faddoul étudiaient, tout en travaillant l'été dans une boulangerie. Puis la guerre a éclaté...

Habib, l'aîné, a été le premier à s'établir à Montréal. Il lui aura fallu six ans de démarches avant d'avoir sa famille à ses côtés.

Aujourd'hui, leur père étant décédé et leur mère, retraitée, les trois frères sont à la barre du commerce. Chacun y joue un rôle bien précis. Louis est le spécialiste de la pâte pour tous les chaussons et les pizzas (il est d'ailleurs le seul à la préparer); Habib, avec sa personnalité sympathique, accueille les clients; Edward, lui, dirige la cuisine. Leur amour commun pour la cuisine libanaise et pour le travail bien fait contribue au succès de ce petit palais du quartier Ahuntsic.

Bleu Caramel

Chaque client qui y met les pieds est salué par l'hôte et les cuisiniers, et devra impérativement enlever ses souliers. En plein cœur du Plateau-Mont-Royal et de ses établissements branchés, le Bleu Caramel est un restaurant résolument différent.

Au milieu des années 1990, le restaurateur Marien Brière rencontre madame Ji Hee Wang, une Coréenne nouvellement établie à Montréal. Elle lui fait découvrir l'univers des sushis, alors peu connu des gastronomes montréalais. Et c'est avec elle qu'il ouvre le Bleu Caramel en 1999.

Artistes et créateurs, tous deux construisent un restaurant au décor fantaisiste où se dresse un arbre bleu en plein centre de la pièce. Leur côté artistique s'impose également en cuisine ; c'est pourquoi, ici, ce sont leurs spécialités qui se démarquent. Des sushis originaux comme le JMDTT, légèrement frit et servi avec une sauce épicée, ou le Isamal, fait de homard et de riz rouge coréen.

Leur tempura, léger et croustillant, ainsi que les mets coréens valent également le détour. Et pour terminer le repas, le Caprice de Geisha fait office de dessert : une sélection de fruits frais recouverts de chocolat noir fondant, servi sur un bloc de glace. Le chocolat doit figer. L'attente est longue. Le caprice se fait supplice, puis délice.

Féru de culture asiatique, Marien s'est rendu 11 fois au Japon et a visité presque tous les pays d'Asie. Le nom Bleu Caramel lui est venu lors d'une soirée bien arrosée, alors qu'il réfléchissait au fait que les Asiatiques emploient parfois des mots français ou anglais uniquement pour leur sonorité, en se moquant bien de leur signification. Il a décidé de faire comme eux. Bleu Caramel, ça ne veut pas dire grand-chose, mais ça sonne tellement bien !

Pourquoi on aime ?

Pour l'ambiance feutrée et calme, le décor original, à l'image des propriétaires, et les plats créatifs. Ce restaurant se démarque incontestablement des autres établissements du quartier. C'est un véritable havre de paix au cœur d'un des quartiers les plus animés de la ville.

Plateau-Mont-Royal | 4517, rue de La Roche
514-526-0005 | bleucaramel.com | $$

Un décor inusité

Au mur, en guise de décoration, trônent des dizaines de petits pénis en porcelaine, ce qui provoque inévitablement quelques chuchotements et fous rires parmi les clients. L'explication n'a pourtant pas de quoi enflammer les imaginations : dans la tradition coréenne, pays d'origine de madame Wang, ces pénis sont offerts aux nouveaux mariés afin de favoriser la fertilité et de les aider à avoir un garçon.

Diabolissimo

Dès notre entrée dans ce minuscule commerce, un remarquable arôme nous envahit. Il s'échappe des cuisines, tout juste derrière, où sont mitonnés les savoureux plats à emporter : antipasti, pâtes fraîches, sauces et succulents pestos, spécialités de la maison.

Bien que le commerce ait pignon sur rue depuis 1995, ce n'est qu'en 2008 qu'Éric Reynaud et Quang La en ont fait l'acquisition. Les deux hommes perpétuent la tradition de leurs prédécesseurs en offrant toujours les mêmes produits de qualité, tous faits sur place.

Ils connaissent l'importance de s'approvisionner auprès de fournisseurs situés à quelques kilomètres de leur boutique-cuisine et de tisser des liens avec eux. Ils n'utilisent que des denrées de première qualité et n'emploient aucun agent colorant ou de conservation.

Également épicerie fine, la boutique propose à ses clients des dizaines d'huiles d'olive et de vinaigres à découvrir, des pâtes sèches importées d'Italie, des confitures de qualité, plusieurs cafés réputés et des charcuteries de choix, dont les fameux saucissons biologiques de Charlevoix. Un vrai petit paradis pour les épicuriens !

Pourquoi on aime ?

Pour le mélange pâtes au cari et pesto rosso, un pesto aux tomates séchées haut en saveur, un classique de l'endroit. Et pour la sauce à la saucisse italienne, avec poivrons rouges, pistaches et graines de fenouil. À l'arrivée, votre nez était charmé. En fin de soirée, c'est votre estomac qui vous remerciera.

Plateau-Mont-Royal | 1256, avenue du Mont-Royal Est
514-528-6133 | diabolissimo.com

Marven's

Avec son ambiance animée, son service rapide et ses portions indécentes, Marven's est, depuis maintenant 40 ans, le restaurant familial par excellence.

Marven's, un resto grec ? On vous l'accorde, le nom évoque principalement des origines anglo-saxonnes. Pourtant, on y fait bien dans la cuisine grecque la plus traditionnelle : souvlaki, gyros, tzatziki, calmars grillés... Le tout dans des portions gargantuesques ! Vous voilà prévenu : prendre une entrée chez Marven's, c'est risqué. Pas que la pikilia – une assiette d'entrées à partager – ne soit pas excellente, bien au contraire.

On dévore avec enthousiasme les souvlakis, tendres et juteux, accompagnés de frites dodues et de riz (parce qu'il nous aura été impossible de choisir entre les deux). On engouffre le gyros dégoulinant de somptueux tzatziki, servi avec une superbe salade grecque, dont le format se rapproche davantage de la salade-repas. Décadent.

Chose curieuse, les murs bruns et les grandes tables communes nous donnent l'impression d'être dans une cabane à sucre. Mais ce qui est encore plus troublant dans le décor, c'est cette tête d'orignal bien en vue au fond de la salle. Pourquoi cette tête, monsieur Costopoulos ? « Mon frère chassait beaucoup », nous répond-il simplement. Puis il ajoute qu'il n'y a pas si longtemps, des dizaines d'animaux empaillés ornaient les murs du restaurant : des oiseaux, un hibou, des rongeurs et... un ours. Ouf ! on vous croit sur parole, monsieur (et on est bien content que vous ayez rénové... en 1994) !

Pourquoi on aime ?

Pour l'atmosphère vivante qui y règne soir après soir grâce à l'achalandage et aux grandes tables communes. Parce que les enfants y sont les bienvenus. Et parce qu'avec la grosseur des portions, chez Marven's, c'est un perpétuel deux pour un : le repas du soir... et le lunch du lendemain !

Parc-Extension | 880, avenue Ball
514-277-3625 | $$

Boulangerie Guillaume

*Ce qui frappe dès que l'on y met les pieds,
c'est la vaste sélection de pains. Dans les comptoirs,
on compte plus de 50 produits différents, tous faits de farine
bio et d'ingrédients de première qualité.*

Des miches et des baguettes, bien sûr, mais aussi une grande variété de petits pains exquis comme la baguettine aux figues et au cheddar, la fougasse aux herbes de Provence et à la fleur de sel, ou le bâtard patates et beurre aromatisé aux herbes salées du Bas-du-Fleuve. Et pour ceux qui ont la dent sucrée, de petits délices comme le bun aux pommes et au caramel, le choco-noisette et la brioche vanille et chocolat blanc... Impressionnant pour un si petit fournil ! Guillaume fait tout lui-même, avec l'aide d'Aurélien, son bras droit, et de quelques apprentis.

Guillaume Vaillant ne tenait pas à aménager son commerce dans le Mile End. L'important pour lui était de dénicher un local adjacent à un appartement capable de loger sa famille. Il a trouvé exactement ce qu'il lui fallait à deux pas du boulevard Saint-Laurent, dans l'un des quartiers les plus branchés de Montréal. Le hasard fait si bien les choses.

C'est avec Valériane, sa conjointe, qu'il ouvre sa boulangerie à l'automne 2010. À deux, ils cumulent près de 20 ans d'expérience en alimentation et sont heureux de travailler enfin pour eux-mêmes. Et pour notre plus grand plaisir !

Pourquoi on aime ?

Pour la qualité des pains et le choix impressionnant de produits différents. Et pour les combinaisons audacieuses : abricot-seigle, datte-banane-cardamome ou encore tournesol-tamari.

*Mile End | 5132, boulevard Saint-Laurent
514-507-3199 | boulangerieguillaume.com*

Pains et bébé

Paradoxalement, c'est l'arrivée imminente du bébé qui a poussé Valériane et Guillaume à se lancer en affaires. Alors que la plupart des jeunes parents cherchent un travail stable, eux ont opté pour la liberté de choisir leur horaire. Celui-ci n'est évidemment pas de tout repos, mais, comme le dit si bien Guillaume, s'il n'a jamais autant travaillé, il n'a jamais été aussi heureux.

Rien ne prédestinait pourtant cet anticonformiste à une carrière de boulanger. Après des études en sciences sociales, il se cherche, a besoin de bouger, essaie la menuiserie, pour finalement travailler comme apprenti dans plusieurs boulangeries montréalaises. Il rencontre les bons mentors qui l'aiguillent et lui transmettent leur passion et leur savoir. Sa voie est tracée.

C'est maintenant à son tour de partager son savoir. Il en fait une priorité. Jamais il n'hésitera à tout montrer aux jeunes qui travailleront avec lui. Comme un juste retour de balancier.

Index
Par ordre alphabétique

Index
Par quartier

Index
Par type

Remerciements

Un merci bien spécial à tous les restaurateurs,
commerçants et artisans de nous avoir accueillies si
gentiment et d'avoir partagé votre histoire avec nous.

Remerciements de Claire - La rédaction est un acte solitaire. Pourtant, d'un certain point de vue, ce livre est un collectif. Un périple d'un an dans lequel plusieurs personnes ont joué un rôle clé.

Merci... À Martin, pour ta patience légendaire ; sans toi, ce livre n'existerait pas. À Ludovic et à Renaud, pour avoir été gentils avec papa lors de ces nombreuses soirées sans maman. À maman, pour ton soutien éternel. À Stéphane, pour être l'initiateur de cette rencontre entre Chantelle et moi. À Michel, pour m'avoir offert tes mots alors que je cherchais les miens. À Pascale, pour ton défrichage et tes recherches. À tous mes amis goûteurs – Stéphanie, Kora, Hugo, Martin, Marie-Claude, Manon, Bruno, Pascale, Daniel, Marie-Hélène, Brigitte et Reid –, c'est toujours un plaisir de partager un repas avec vous. À Claudia, qui demeure la meilleure référence en bonnes adresses. À Louise, pour tes précieux conseils en début de projet. À Johanne, pour avoir compris l'importance de ce projet à mes yeux. À mes collègues de travail... désolée de vous avoir cassé les oreilles pendant tous ces mois !

Merci à Émilie, pour avoir été si motivée et motivante. À Erwan, pour avoir cru en ce projet dès le début. Et à toute l'équipe des Éditions de l'Homme, pour votre belle énergie.

Et un merci bien spécial à Chantelle. Tu es l'inspiration de ce livre. Ton talent me bouleverse encore, comme au premier jour.

Merci à papa. Ce livre est pour toi

Remerciements de Chantelle - Merci à Erwan et à Émilie d'avoir partagé avec nous cette passion commune et d'avoir vu le potentiel de ce livre.

Merci aussi... À Martin, à Stéphanie, à Kora, à Hugo et à Pascale, pour ces nombreux repas en votre compagnie ; ce fut un honneur de vous rencontrer. À Ludovic et à Renaud, pour votre patience et vos bonnes manières dans les restaurants. À Gary, pour ton appui éternel et ton amitié. À Valérie, pour m'avoir transmis ton amour de Montréal. À Reid, mon mari, mon guide, mon conseiller de carrière et goûteur, merci pour tout ; tes conseils sont inestimables à mes yeux. Merci de m'avoir motivée à sauter tête première dans ce projet. À toi, petit garçon dans mon ventre, j'espère que tous ces beaux abus de mets délicieux alors que tu te développais aideront ton sens du goût à s'intensifier.

À vous qui suivez mon blogue et mon travail, merci pour vos mots d'encouragement et votre soutien continuel. J'espère que ces pages vous inciteront à dévorer Montréal à votre tour. C'est une ville incroyable et magnifique, qui m'a plu dès les premiers instants.

Enfin, merci à toi, Claire. Je suis heureuse de t'avoir rencontrée. Ton professionnalisme, ton assurance, ton dévouement et ton talent sont réellement inspirants. Je suis enchantée que nous ayons combiné nos talents pour réussir ce projet.